PAD
DUROS
PARA
TIEMPOS
DUROS

Para Linda y
John
de Usua
Navidad 2005

Sociedad de Padres de Familia

Mesa Directiva

PADRES DUROS DUROS PARA TIEMPOS DUROS

Hijos exitosos educados con carencias, disciplina y fracasos

Evelyn Prado Maillard
Jesús Amaya Guerra

EDITORIAL TRILLAS

México, Argentina, España,
Colombia, Puerto Rico, Venezuela

Catalogación en la fuente

```
Prado Maillard, Evelyn
    Padres duros para tiempos duros : hijos exitosos
educados con carencias, disciplina y fracasos. -- México :
Trillas, 2005 (reimp. 2005).
    94 p. : il. ; 23 cm.
    Bibliografía: p. 87
    Incluye índices
    ISBN 968-24-5489-1

    1. Niño, Estudio del. 2. Padres e hijos - Aspectos
psicológicos. 3. Psicología social. I. Amaya Guerra,
Jesús. II. t.

D- 306.87'P665pd        LC- BF723.P25'P7.61        4107
```

Derechos reservados
© 2005, Editorial Trillas, S. A. de C. V.,
División Administrativa, Av. Río Churubusco 385,
Col. Pedro María Anaya, C. P. 03340, México, D. F.
Tel. 56884233, FAX 56041364

División Comercial, Calz. de la Viga 1132, C.P. 09439
México, D. F., Tel. 56330995, FAX 56330870

www.trillas.com.mx

Miembro de la Cámara Nacional de la
Industria Editorial, Reg. núm. 158

Primera edición, enero 2005 (ISBN 968-24-5489-1)
    Reimpresiones, febrero y abril 2005

Tercera reimpresión, junio 2005

Impreso en México
Printed in Mexico

Prólogo

"¡Qué tiempos tan difíciles vivimos los padres hoy!" Se quejan no pocos progenitores, manifestando cierta añoranza de aquellos años en los que los jóvenes eran más respetuosos, esforzados y buenos hijos. Hay padres que piensan que sus hijos viven, en la actualidad, tiempos más difíciles, cuando en realidad cada momento de la historia presenta su singular dificultad y problemática.

Las décadas de los cincuentas y sesentas fueron años en los que los jóvenes, casi niños, tenían que abandonar la escuela para ponerse a trabajar y traer un trozo de pan al hogar. Por esos años, en los que todavía la unidad familiar gozaba de gran estabilidad, las funciones de padre y madre estaban bien definidas; los abuelos eran queridos y respetados; los padres establecían unas normas que, en general, se cumplían y había una autoridad, muchas veces impositiva y poco dialogante, rayando incluso en el autoritarismo, pero había disciplina.

Los jóvenes que forman parte de la generación milenio (aquellos que nacieron a partir de 1985 hasta hoy) también les toca vivir tiempos duros: mayor exigencia académica y profesional, mayor competencia, el terrible mundo de las drogas y las nuevas tecnologías. Estos niños y adolescentes tienen más estímulos y seducciones que en cualquier otra época de la historia, con la particularidad de que se inician en las adicciones a la temprana edad de 12 años, y las mujeres de esta generación en particular, si bien es verdad que hay tantas o más mujeres que hombres realizando estudios universitarios, son tan adictas o más que los chicos al tabaco, al alcohol, las drogas y el sexo, a la violencia verbal y física y al lenguaje soez y desgarrado.

Los hijos de hoy, en no pocos casos, tienen atemorizados a sus padres. Existe un maltrato de aquellos hacia éstos que es real y pocos se atreven a denunciar. Hay una clara dejación de autoridad en los hogares y los padres soportan a hijos amenazantes y provocadores que pasan de los 25 y 30 años de edad, y no tienen la menor intención de marcharse del hogar paterno.

Gran parte de los hijos del siglo XXI tienen muy claro cuáles son sus derechos y las obligaciones de sus padres, pero no quieren saber nada de sus propias obligaciones. Nadie piense que estoy generalizando porque soy consciente de que también abundan los hijos responsables, trabajadores, respetuosos y disciplinados, pero no es la tónica general.

Hay infinidad de factores que están influyendo en los chicos y chicas como el hecho de tener unos padres débiles y permisivos y el contar con más cosas materiales pero menos atención y dedicación de sus progenitores. No pocas veces, las conductas reprobables de los hijos no son otra cosa que la manera de pedir más tiempo y atención de los padres.

Precisamente la tesis del libro PADRES DUROS PARA TIEMPOS DUROS defiende que hoy vivimos en un mundo mucho más complicado para ser padres, y que más que nunca es necesaria una educación en la voluntad, la autodisciplina y la responsabilidad.

Este libro que me honro en prologar es una guía clara y una orientación directa que urge una **firmeza educativa**, misma que los autores sintetizan en la expresión "padres duros". Estoy de acuerdo con los autores en que hoy más que nunca es importante educar para superar los problemas, encontrar alternativas, suplir carencias y capitalizar fracasos. Un niño que lo tiene todo y no carece de nada y, por añadidura, sus padres le evitan todos los problemas, estará abocado al fracaso.

Al leer las páginas de este imprescindible libro de educación para padres de los doctores Evelyn Prado y Jesús Amaya me he sentido especialmente identificado con aquellos aspectos que se refieren a educar con disciplina, fomentar el respeto a sí mismo y a los demás, educar en la responsabilidad y permitir que los hijos se enfrenten a sus propios retos y aprendan de los fracasos.

En mi libro *La educación inteligente*, publicado en la editorial Temas de Hoy, en noviembre de 2002, hago especial hincapié en realizar una educación positiva que aliente y motive lo mejor del educando, pero también resalto la importancia de establecer límites y decir ¡No! cuando sea necesario, permitir que los hijos sufran las consecuencias de sus errores y omisiones y aprendan de ellos, educarles en la toma de decisiones para que sean responsables de sus actos y no tutelarles constantemente. Leyendo las páginas de este libro, y puesto que mi apellido es Tierno, he encontrado un poco fuerte la expresión "padres duros", pero comprendo perfectamente que los autores hayan preferido este título, tomado en el sentido de la necesidad de unas normas claras y una disciplina absolutamente necesaria para formar a los hombres y mujeres del futuro próximo como seres responsables, respetuosos, tenaces, esforzados, generosos y solidarios, y nada de esto se logra sin la necesaria **consistencia** (dureza) del carácter y de la voluntad.

Espero mucho éxito a este libro y que su lectura sea provechosa y práctica.

BERNABÉ TIERNO JIMÉNEZ[*]

---

[*] Psicólogo, psicopedagogo y escritor. Miembro de la Sociedad Española de Medicina Legal y Social, y de la Sociedad Española de Pedagogía.

Índice de contenido

Introducción

Todos los padres deseamos que nuestros hijos sean personas de éxito y tengan valores que los guíen en su vida para que alcancen así su felicidad. Pero, ¿cómo definimos este éxito o esta felicidad para nuestros hijos?

a) ¿Tener un trabajo bien pagado o adecuado a sus capacidades?
b) ¿Tener mucho dinero para tener casa y ciertos lujos?
c) ¿Tener una buena posición en la empresa donde trabajan?

Sin embargo, esta visión refleja un modelo hedonista –tan frecuente en nuestra sociedad– que fija la atención en el placer inmediato. El éxito y la felicidad entendidos en el marco hedonista no nos sirve. Una persona feliz es aquella que logra desarrollar todo lo que está de acuerdo con su naturaleza humana. El desarrollo pleno de la persona requiere esfuerzo y disciplina. Hoy, debemos cimentar el éxito de nuestros hijos en valores y virtudes para que la felicidad y el éxito sean estables y permanentes. Pero algunos de nosotros no estamos seguros de cómo lograrlo. Educar con carencias, disciplina y fracasos es la propuesta para dar a nuestros hijos la oportunidad de crecer y formarse en el carácter y el hábito.

La dinámica social nos empuja a un consumismo desmedido, en donde en el *tener* se centra la razón de *vivir* y de *ser*. Pero no sólo es suficiente poseer bienes materiales sino que, además, deben representar un prestigio para las personas que los poseen. El adolescente no se conforma con que sus padres le den un automóvil, sino que éste debe producir admiración y popularidad entre los demás. Hace algunos meses, platicábamos con una mamá que estaba preocupada por la autoestima de su hijo adolescente, ya que no podía sobresalir ni en sus clases ni en el deporte y para "llenar" ese vacío decidió comprarle ropa de marca, y nos comentó: "Al menos sobresaldrá si viste con lo mejor y de marca." Los niños y adolescentes, cuyos reconocimiento y valía dependen de la posesión de bienes condicionan su autoestima en el *tener* y no en el *ser*. Acostumbrarlos a esta dependencia los encadenará a lo material, los hará débiles y, sobre todo, carecerán del espíritu del deseo y del esfuerzo: EDUCAR CON CARENCIAS.

La generación de padres de hoy asumió responsabilidades desde muy temprana edad. Familias numerosas favorecieron la imposición de tareas a los hijos como bañar, alimentar, vestir y hasta cuidar a sus hermanos menores, mientras sus padres, particularmente la mamá, atendían a los más pequeños de la familia. Algunos padres que vivieron esta experiencia evitan que sus hijos la sufran, educándolos sin responsabilidades y exigencias. En la actualidad, se enfatiza en que los niños estén bien informados acerca de sus derechos, pero poco se hace en comunicarles sus obligaciones.

En los años sesenta y setenta emergió la disciplina permisiva (MacKenzie, 2001) como reacción a la enseñanza autocrática y rígida que por mucho tiempo fue un elemento que determinó la formación de los hijos. Muchos padres empezaron a buscar, a partir de mediados de los ochenta, un método más democrático, positivo, asertivo y flexible, en donde el diálogo y la persuasión integran una parte importante de las normas y reglas familiares. Los padres tratan de educar a sus hijos a través de los principios de libertad, equidad y respeto mutuo. Sin embargo, la libertad sin límites es anarquía, y un niño que crece en desorden no es capaz de aprender a respetar reglas o a la autoridad o cómo vivir la libertad con responsabilidad: EDUCAR CON DISCIPLINA.

Todo padre de familia busca lo mejor para sus hijos y, sobre todo, su éxito. Sin embargo, protegerlos de las adversidades no es el mejor camino para lograrlo. El niño necesita enfrentarse a sus retos, confrontarlos, tomar decisiones y enfrentar sus consecuencias y posibles fracasos. Aquí es donde el ser humano tiene la oportunidad de crecer a pesar de los contratiempos y problemas: EDUCAR CON FRACASOS.

El hombre, en forma innata, busca su felicidad, pero esto requiere esfuerzo y disciplina. Los padres necesitamos guiar a nuestros hijos para que alcancen su felicidad mediante la enseñanza de las virtudes. Las virtudes son, como las define David Isaacs en su libro *Familias contra corriente*: "Hábitos buenos que perfeccionan las facultades del hombre para conseguir la verdad y el bien." Por ello, es muy importante educar a nuestros hijos en las virtudes, pero esto requiere padres valientes (Prado y Amaya, 2003) y exigentes. Una disciplina continua, estable y coherente permitirá que nuestros hijos adquieran hábitos para lograr su felicidad en los diferentes ámbitos de su vida personal, social, profesional, familiar y espiritual.

Tiempos duros
y las nuevas
epidemias del milenio

A través de la historia de la humanidad han ocurrido grandes epidemias que devastaron millones de vidas humanas, algunas de las más importantes fueron la viruela, la peste, el cólera y la malaria. Estas enfermedades ocasionaron millones de muertes ya que en la época donde ocurrieron estas calamidades, la ciencia médica carecía de la experiencia y de los recursos para prevenirlas y combatirlas. En los últimos años han surgido nuevas enfermedades que hemos denominado las "nuevas epidemias familiares del milenio", padecimientos que están ocasionando graves sufrimientos a millones de familias en todo el mundo.

Estas epidemias afectan el núcleo más importante de la familia que es la relación entre padres e hijos generando poca comunicación, desconfianza y lo más importante, la pérdida de la identidad familiar. Esta pérdida produce una ruptura en las funciones que desempeñan tanto padres como hijos, los primeros han olvidado su función de formadores a través de la disciplina y la moral por miedo de perder la amistad de sus hijos, es decir, nos encontramos ante una generación de padres permisivos; y los hijos crecen en un medio de consentimiento y condescendencia que produce personas con el derecho de poseer cuanto deseen y hacer cuanto se les antoje. Este estilo de vida reduce las normas y la obediencia a lo más mínimo generando seres egocéntricos que olvidan que es a través de la obediencia de normas como forjarán sus vidas hacia la plena felicidad.

Un caso que demuestra esta situación lo encontramos en la temporada pasada de futbol americano infantil en Monterrey, donde un equipo muy reconocido y campeón por muchos años se quedó con el subcampeonato, y la razón que dieron sus entrenadores es que la nueva generación de muchachos no es la misma. El entrenador en jefe nos comentó: "Este año, nuestro equipo quedó conformado de 'juniors', en otras palabras puros 'hijos de papi'. Eran muchachos con mucha capacidad, pero sin el interés ni la motivación de lograr metas. Constantemente faltaban al entrenamiento y llegaban tarde al mismo y a los juegos, además abundaban excusas tontas por parte de sus papás como: 'pobrecito, se quedó dormido porque se desveló viendo una película' o 'llegó tarde porque no encontramos estacionamiento'." Es muy triste, comentaron los entrenadores, perder un campeonato por complacencia, ante una actitud de ligereza de parte de sus hijos.

Estas actitudes, tanto de los padres como de los hijos, están ocasionando una serie de males patológicos como la **depresión**, el **alcoholismo**, la **anorexia** y la **bulimia** y el **suicidio** que constituyen las nuevas epidemias que, en esta década, de no tomar cartas en el asunto, destruirán a nuestras familias.

ALCOHOLISMO

El 2 de septiembre de 2003 fue publicada en el periódico *New York Times* la siguiente nota:

> El suicidio es la segunda causa de muerte en los jóvenes mexicanos entre los 14 y 19 años de edad, sólo la supera la muerte causada por accidentes automovilísticos. Expertos atribuyen la causa de los suicidios entre los jóvenes a la depresión, violencia, adicción y abuso de las drogas. Estiman que la mayoría de los suicidios que ocurren en México se producen entre los 11 y 19 años de edad.

Los periódicos nos informan con frecuencia de accidentes automovilísticos causados por menores de edad en estado de ebriedad. En los últimos años, no sólo se ha incrementado el consumo de alcohol entre los varones menores de edad, sino que se ha cuadriplicado esta adicción entre las mujeres menores de 18 años. En los noventa fueron los adolescentes (hombres) quienes llegaban a las salas de urgencias por intoxicación alcohólica; sin embargo, en los últimos años son las adolescentes (mujeres) las que beben tanto o más que sus compañeros. Hoy, las jóvenes tienen cuatro veces más probabilidades de comenzar a beber a los 16 años que sus madres. El Instituto Nacional de Psiquiatría y la última Encuesta Nacional de Adicciones demuestran que no sólo las mujeres empiezan a beber para impresionar a los hombres, sino también para ser apreciadas por sus amigas y otras mujeres.

De acuerdo con la última Encuesta Nacional de Adicciones, no es raro observar chicos y chicas de 13-14 años en fiestas de "quince" o que, por lo general, están en el "antro" de moda donde se las ingenian para beber; incluso, en las generaciones de secundaria no es extraño ver que en las torna-graduaciones (festejos después de una graduación de secundaria o preparatoria en un antro o discoteca, con ausencia de los padres de familia y con consumo de alcohol sin supervisión de algún adulto) haya barriles de cerveza autorizados por los padres y que la fiesta termine al amanecer.

En la preparatoria la diversión sigue con mayor libertad, durante la semana asisten a "discos" o "antros" donde no hay autoridad que ponga freno a la manera de beber o comportarse. Todo esto ocurre ante la vista indulgente de los padres. Una noche después de dar nuestra conferencia "Padres obedientes. Hijos tiranos" en una escuela privada, se nos acercaron un grupo de mamás que nos comentaron la siguiente situación: "Nuestros hijos están en secundaria y tienen una gran presión de grupo para consumir alcohol, y para conseguirlo contratan a un taxista para que él compre el licor y después se van todos a un lote baldío para consumirlo. Entonces, para evitarlo, ahora un grupo de mamás compra el licor y nuestros hijos lo consumen en alguna de nuestras casas. Esto ayuda a que nuestros hijos consuman el alcohol bajo supervisión de algún adulto y tenemos mayor control sobre ellos."

ANOREXIA

La anorexia se considera la tercera causa de enfermedad crónica entre adolescentes, y más de 90% de los pacientes son mujeres que con frecuencia pertenecen a un estado socioeconómico medio y alto. Se calcula que uno de cada 50 menores de 12 a 18 años padece anorexia. Generalmente, tiene un origen emocional y psiquiátrico ya que el paciente proviene de familias altamente orientadas a logros y preocupadas demasiado en la apariencia y aptitud físicas. Los padres consideran que estas cualidades son esenciales para que sus hijos tengan fama y fortuna, sin embargo, producen en sus hijos una falsa concepción del éxito, pues sólo se enfatiza en la apariencia física olvidando desarrollar su voluntad, su inteligencia y su afectividad, que son indispensables para lograr la felicidad.

DEPRESIÓN Y SUICIDIO

Depresión es una palabra que se ha puesto de moda no sólo en la sociedad mexicana sino en varias partes del mundo. Según una investigación realizada en el Departamento de Psiquiatría y Salud Mental de la Facultad de Medicina de la Universidad Nacional Autónoma de México (UNAM), entre 15 y 45 % de las personas que sufren depresión termina suicidándose, y que las dos terceras partes ocurren en muchachos menores de 20 años. Recordemos que ésta es la segunda causa de muerte entre los jóvenes. El intento suicida se ha convertido, en los últimos años, en un problema importante en esta población, afectando principalmente a las mujeres. El Instituto Nacional de Psiquiatría y la Secretaría de Educación Pública (SEP) reportan que 9 % de los jóvenes (hombres) ha intentado suicidarse. En tanto, en las adolescentes este porcentaje es 2.5 veces más alto (22 %). El suicidio de los adolescentes se relaciona más con el estrés, la baja tolerancia a las frustraciones, la impulsividad y la baja autoestima.

Lamentablemente, el consumo de drogas crece cada día de manera alarmante, sabemos que las causas pueden ser muy variadas y algunas de ellas pueden ser el aumento de divorcios entre las parejas, el consumismo, la educación permisiva, la falta de autoridad, gratificaciones excesivas, formación de carácter débil, inmadurez, falta de metas, baja autoestima o deficiencia moral.

Quince millones de mexicanos padecen algún problema de salud mental y adicciones, de los cuales cuatro millones atraviesan por un estado depresivo delicado. La Comisión Nacional contra las Adicciones advirtió que más de 10 millones de niños, niñas y adolescentes tienen algún problema de salud mental y adicciones.

CRISIS EN LA PAREJA Y NUEVAS ESTRUCTURAS FAMILIARES

Los tiempos duros se acentúan más ya que la pareja (papá y mamá) vive también un periodo de crisis. En primer lugar, existe crisis en la pareja, situación que ocasiona que los jóvenes no valoren el compromiso matrimonial y todas sus responsabilidades. De acuerdo con cifras del Instituto Nacional de Estadística, Geografía e Informática (INEGI) se han reducido los matrimonios en 18% en los últimos cinco años. En tanto que el promedio de edad para contraer matrimonio se ha incrementado. Los jóvenes prolongan más sus años de soltería. En los años cincuenta, el promedio de edad para casarse era de 20 para los hombres y de 18 para las mujeres; en los setentas, se incrementó la edad en los hombres a 24 y en las mujeres a 20, para los noventas, el hombre contrae matrimonio a los 27 años y la mujer a los 25. Se pronostica que para este siglo los hombres y las mujeres se casarán después de los 30 años de edad.

No sólo se retrasa la unión de la pareja, sino que se retrasa también la edad para tener hijos. No es lo mismo tener hijos a los 20 años que a los 30. Los padres mayores de 30 años nos reportan, en nuestros estudios, que el nacimiento de un hijo es considerado un estorbo para la pareja. Esto es lógico, la pareja terminó sus estudios académicos, al menos llevan 10 años de desarrollo profesional, han consolidado durante estos años sus amistades y pasatiempos; por ello, el nacimiento de un hijo lo perciben como un obstáculo para sus planes y vida. En cambio, cuando un hijo nace a los 20 años, éste crece a la par con el desarrollo profesional y social de sus padres.

En estos tiempos, en segundo lugar, las dificultades se acentúan pues se han incrementado la desintegración matrimonial y la formación de nuevas estructuras familiares, como las madres solteras. Según datos reportados por el INEGI, en los últimos ocho años se ha duplicado el índice de divorcios, y en los últimos tres años de cada ocho matrimonios al menos uno se disuelve antes de cumplir un año de unión. María Antonieta Barragán Lomelí, en su libro *Soltería: elección o circunstancia*, menciona la posible causa de esta crisis matrimonial:

> Se dice que en la actualidad las personas viven en un sin sentido; por un lado desean relaciones duraderas, la seguridad amorosa y el bienestar que brinda la compañía, pero por otro lado se defienden la independencia y la privacidad, lo que impide el compromiso a largo plazo (p. 179, 2003).

Existe una dicotomía entre los jóvenes: desean, al contraer matrimonio, obtener todo el bienestar de una nueva pareja pero además, mantener todos los privilegios de la soltería sin llegar a un compromiso de dar y ceder a su nueva pareja. Esto se refleja en el incremento de divorcios por causa no de adulterio o sostenimiento del hogar, sino por incompatibilidad de caracteres.

Y por último, en tercer lugar, las funciones que desempeñan hombre y mujer han cambiado dramáticamente en este nuevo milenio. La liberación femenina, a mediados de los sesenta del siglo pasado, generó una gran presión en el papel y actitud masculina hacia la mujer y el matrimonio. Las mujeres exigieron del hombre más comprensión y ternura dejando a un lado su perfil machista. Esta presión femenina ha tenido ciertos frutos, los padres (varones) están dejando a un lado su postura machista y ya adquieren funciones que eran exclusivas del sexo femenino, como ayudar en las labores domésticas y en la educación de los hijos.

Es común ver en la actualidad papás que cambian pañales, llevan y recogen a sus hijos de la escuela, les ayudan en sus tareas escolares, asisten a sus juegos deportivos y, aún más, algunos se quedan en el hogar mientras su mujer va a trabajar. Sin embargo, los jóvenes (hombres) son influidos por el perfil del "hombre metrosexual". Esta palabra nace a mediados de la década de los noventa y es usada para describir al hombre joven urbano que tiene características narcisistas y está interesado en la belleza y en la moda. Es un hombre felizmente casado, pero le gusta hacer actividades que han sido asociadas tradicionalmente a la mujer, como el cuidado de la belleza y de su apariencia física. Disfrutan ir de compras, asistir al salón de belleza para recibir un *manicure* o *pedicure* (cuidado de las manos o de los pies) y para ser atendido por un estilista profesional.

El hombre ideal

1950
2010

La exigencia de la liberación femenina ha llevado a desaparecer las tres "F" que un buen hombre tradicionalmente debía poseer: *feo*, *fuerte* y *formal*, por una imagen que demanda las tres "B": *bonito*, *billonario* y *blando*. Hay un reclamo generalizado de las mujeres que consiste en lo siguiente:

> **Las mujeres esperábamos hombres más sensibles y comprensivos pero no más bonitos.**

A su vez, las mujeres han cambiado, en las últimas dos décadas, sus intereses. En un estudio realizado por Gueda Rocha a más de 1000 muchachas latinoamericanas acerca de preferencias profesionales, familiares y sociales, incluidas mexicanas, demuestra que en las mujeres hay un gran interés en su preparación académica y éxito profesional, pero muy poco en la maternidad. Esto indica que las mujeres buscan un mayor control de su vida y una autonomía económica. La soltería, para la mujer, ya no es algo circunstancial, sino que se ha convertido en un estado deseado y elegido por muchas mujeres.

El proceso de elección de la pareja es más complejo, la mujer tiene expectativas más altas: guapo, solvente económicamente (para evitar mantenerlo), inteligente, delicado, atento, entregado a su familia y a sus hijos, etc. En un estudio realizado por Prado y Amaya, a más de 500 jóvenes acerca de qué características esperan de sus futuras parejas, se encontró que las muchachas esperan que su pareja tenga los mismos privilegios que ellas en la vida matrimonial. Por ejemplo, las muchachas desean salir con sus amigas al menos una vez a la semana, mientras sus futuros maridos cuidan a sus hijos, y a su vez dejarán que ellos salgan, también, una vez a la semana con sus amigos. Sin embargo, al ser cuestionados, los muchachos están de acuerdo en quedarse con los niños una vez a la semana mientras sus futuras esposas estén con sus amigas, pero continuarán saliendo con sus amigos las veces que deseen sin estar sujetos al mismo privilegio que sus esposas.

En este estudio se puede observar que las mujeres buscan a un nuevo hombre, pero constantemente se quejan de que éstos no están dispuestos a cambiar. Podemos sintetizar la presente situación en la siguiente frase:

> El hombre espera a una mujer que no existe y la mujer espera a un hombre que todavía no nace.

En síntesis, tanto el nuevo hombre como la nueva mujer no son capaces de desarrollarse en comunidad. Ambos han crecido en ambientes familiares y sociales en donde la individualidad es su única opción. Desde pequeños crecieron en forma aislada, recámaras para ellos solos con televisión propia para ver sus programas favoritos y ropa y juguetes que no necesitan compartir con sus hermanos. Viven en un mundo donde ellos son el centro y los demás tienen la obligación de hacerlos felices. Bajo esta predisposición, las nuevas parejas viven un narcisismo y esperan que su compañero, por obligación, las haga felices.

Generaciones de padres: silenciosa, *baby boomers* y X, y la generación de hijos milenio

En los últimos años hemos observado grandes cambios sociales, políticos y económicos en el mundo, algunos de éstos son la caída del muro de Berlín, la apertura de las fronteras entre los países, la formación de bloques y alianzas económicas entre países que anteriormente eran acérrimos enemigos. La familia no es la excepción en estos cambios, ha sufrido grandes transformaciones de un modelo tradicional a estructuras familiares no nucleares como padres y madres solteros, padres separados y divorciados y hasta la incorporación de los abuelos y tíos en modelos directos de educación y disciplina de los hijos.

Estas transformaciones han influido en cada una de las generaciones familiares dando como resultado experiencias distintas que se reflejan en valores y actitudes trasmitidas a las generaciones posteriores.

Nuestros padres y abuelos vivieron experiencias ambientales a las que tuvieron que adaptarse para sobrevivir, y aplicaron ciertas estrategias para educar a sus hijos (nosotros) de tal forma que aprendieran a vivir una mejor vida a la que ellos tuvieron. A continuación, analizaremos algunas de las características de cada una de estas generaciones para comprender mejor sus valores y actitudes para educar a sus descendientes.

GENERACIÓN SILENCIOSA

La generación silenciosa está formada por las personas que nacieron entre 1925 y 1949. Estas personas crecieron durante las guerras mundiales donde la carestía y la privación eran comunes en la vida diaria. Nuestros padres y abuelos aprendieron que para sobrevivir en esta época era esencial ser ahorrativos y administrar adecuadamente sus bienes para poder gozar de ciertos privilegios y comodidades. Ellos aprendieron a esperar para obtener alguna comodidad, retrasando sus gratificaciones. Eran personas que amaban su trabajo más que cualquier cosa, crecieron en un ambiente de responsabilidad y consideraban la fidelidad organizacional como un valor incuestionable.

La formación del carácter y la voluntad fue el eje de su vida mientras que la disciplina y el autosacrificio fueron los valores más importantes que trataron de inculcar a sus hijos. Nuestros padres y abuelos consideraron que educando con firmeza y siendo estrictos ayudaban a sus hijos a ser buenas personas, pues para ellos una disciplina rígida era lo mejor para lograr este objetivo.

GENERACIÓN *BABY BOOMERS*

En la generación *baby boomers* están las personas que nacieron entre 1950 y 1970. Durante estas dos décadas crecieron los niños que vieron los primeros programas de televisión en blanco y negro. En los sesentas surgió el movimiento de los *hippies,* que cuestionaba el poder de la autoridad y los adolescentes manifestaron su rechazo a todo lo que tenía que ver con la disciplina, las reglas y los límites, mediante la música de *rock and roll*, la droga (marihuana y LSD) y el cabello largo.

En estos años surge una nueva visión de la psicología y de la pedagogía centrada en el niño y no en el maestro. La educación tradicional, que estaba centrada en el maestro, queda atrás y el alumno empieza a tomar un papel más activo en el proceso de aprendizaje. Algo similar ocurre en la familia a finales de los setentas, el niño adquiere valor en sí mismo: se le debe tomar en cuenta como persona, debe ser respetada su individualidad, se rechaza el castigo físico como medio de disciplina y surgen los derechos de los niños.

Los padres *baby boomers* son influidos por esta nueva psicología que rechaza el autoritarismo y la imposición como medios de disciplina hacia los hijos. Muchos padres de esta generación leyeron y compartieron las ideas del doctor Benjamín Spock con respecto a la educación de los hijos. Entre las décadas de los cuarentas y setenta, el doctor Spock publicó decenas de libros referentes a cómo educar mejor a los hijos. Sus libros son los más traducidos en el mundo después de la *Biblia*. Millones de padres de familia de todo el mundo siguieron y siguen llevando a cabo sus ideas en la formación de sus hijos.

PRIORIDADES DE LA MUJER

1950
Lo primero para mí es mi esposo
Mujer sumisa

1970
Lo primero para mí son mis hijos
Mujer abnegada

1990
Lo primero para mí son mis estudios y trabajo
Mujer productiva

2010
Lo primero para mí son mis vacaciones, el antro, amigas, ropa, zapatos...
Mujer adolescente

El doctor Spock comenzó una etapa de la educación que tiene como panacea la permisividad, como reacción a la represión que existía en la formación de los hijos. Las orientaciones educativas del doctor Spock están encaminadas a no ser directivas o coercitivas, sino a dejar a los hijos con mucha libertad para que ellos aprendan a través de sus acciones; nunca dirigirse con un "no" ya que podemos traumarlo, prohibido fijar límites o reglas ya que esto puede ocasionar frustración y una baja autoestima. Esto conlleva a que algunos padres *baby boomers*, buscando lo mejor para sus hijos, tengan una conducta permisiva como respuesta a los comportamientos de sus hijos. Sin embargo, el mismo doctor Spock reconoció que el aumento de la delincuencia en Estados Unidos se debe a la falta del ejercicio de la autoridad por parte de los padres.

Además, estos padres tienen un resentimiento respecto de cómo fueron educados cuando eran pequeños, y evitan que sus hijos sufran las consecuencias de la disciplina que ellos vivieron. Sus oraciones predilectas son: "Lo que yo viví que no lo vivan mis hijos, y lo que yo nunca tuve que lo tengan mis hijos."

La gran mayoría de los *baby boomers* vivimos nuestra niñez en un ambiente familiar estable y seguro. Cuando regresábamos de la escuela nuestra mamá nos esperaba en casa, nos recibía y comíamos juntos. No teníamos tantas actividades organizadas por las tardes y disponíamos de nuestro tiempo libre en forma independiente, como ir a la calle, estar con los amigos o simplemente estar en casa jugando con nuestros hermanos o en nuestro cuarto solos. Estos niños desarrollaban su independencia, autocontrol y creatividad ya que necesitaban administrar su tiempo en forma autónoma.

La necesidad de autoridad está más que comprobada. Malcriar se puede traducir en formar con debilidad a nuestros hijos, tampoco resulta eficaz repetir machaconamente "en nuestros tiempos era distinto y mejor". Es verdad que los tiempos han cambiado, las circunstancias familiares también y la sociedad a la que se están enfrentando nuestros hijos no digamos. Por tanto, se impone una nueva reflexión acerca de la educación y formación de nuestros hijos.

GENERACIÓN X

Las personas de esta generación son las que nacieron entre 1970 y 1984. Esta es la primera generación de niños que sufre las grandes transformaciones sociales y culturales de los años sesenta de sus padres. Recordemos que en esa década ocurren grandes cambios familiares: liberación femenina, disponibilidad en el mercado de la píldora anticonceptiva, incorporación de la mujer no sólo en el mundo educativo, sino además en el productivo y laboral, y el surgimiento de otras estructuras familiares como los divorcios, los padres separados y las madres solteras.

Los niños X empiezan a sufrir en sus vidas estas transformaciones: llegan a casa pero no está mamá para recibirlos pues está trabajando, juegan solos en casa ya que tienen muy pocos hermanos (entre uno o dos), no juegan en la calle porque es peligroso, y algunos viven en dos casas: con la mamá entre semana y con el papá el fin de semana. Esta generación tiene un sentimiento de abandono familiar ya que empieza a perder sus tradiciones o rituales. Las tradiciones familiares se olvidan más rápidamente a partir de esta generación, no hay costumbre de comer todos juntos o ir toda la familia a visitar a los abuelos los domingos; en la época de Navidad y Semana Santa la familia se separa y cada miembro lo celebra fuera del hogar. Como consecuencia de estas transformaciones, en esta generación hay una alta incidencia de suicidios y desadaptaciones psicológicas y sociales, como problemas de ansiedad, hiperactividad y depresión.

Cuando los niños X llegan a ser padres presentan las siguientes características:

1. Solamente tienen o tendrán uno o dos hijos. Manifiestan que realizan grandes sacrificios para formar y educar a sus hijos. Expresan verbalmente fastidio y disgusto al convivir con ellos. Una mamá expresó la siguiente oración en una conferencia que ofrecimos en una escuela: "Es una friega ser mamá hoy." Otra mamá se quejó de tantos días de asueto que las escuelas dan a los niños: "Por qué tienen tantos puentes y días de vacaciones las escuelas, no sé qué hacer con mi hijo en la casa." Los padres de familia de esta generación estarían muy contentos si no hubiera tantas vacaciones y que existieran no sólo campamentos de verano, sino también de Navidad y de

Semana Santa. En resumen: *Menos tiempo en casa con los niños es mejor*.

2. Pérdida del control de los hijos. Las generaciones anteriores mencionan angustia acerca de la pérdida del control en sus hijos preadolescentes o adolescentes, pero los padres X expresan ansiedad por falta de disciplina en sus hijos de tres a cinco años de edad. Esta generación muestra mortificación por carecer de control en sus hijos muy pequeños, manifiestan: "Ya no puedo con ellos" o "mi hijo tiene cuatro años y no me obedece".

La generación X demuestra mayor inseguridad en su función de padres que todas las generaciones anteriores. Como lo discutimos anteriormente, los padres X fueron los primeros en experimentar los cambios dramáticos en la familia y en la sociedad. Vivieron cierta inseguridad familiar cuando eran adolescentes, como la separación de sus padres o la poca presencia materna en el hogar debido al trabajo. Por ello, estos padres buscan nuevamente la esencia de la familia, pero no tienen un buen modelo de su niñez y esto produce mucha ansiedad.

GENERACIÓN MILENIO:
INTERNET Y *BARBIES*

Algunos expertos definen a esta generación como *milenio*, pues se desarrolla en el inicio de un nuevo siglo. En esta generación se reconoce a las personas que nacieron entre 1985 hasta la actualidad. Según nuestro punto de vista, uno de los cambios más importantes que está ocurriendo en esta generación, que no había sucedido en ninguna otra, es la existencia de una mayor diferencia entre sus integrantes dependiendo de su género. En años recientes, la mujer no sólo se ha posicionado en el campo educativo y profesional, sino que ha superado en su desempeño al hombre en estos campos.

Las mujeres demuestran mejor rendimiento académico aun en la universidad. En el 2003, en Estados Unidos se graduaron a nivel licenciatura 500 000 mujeres por sólo 350 000 hombres. Asimismo, por cada siete niños con problemas de aprendizaje sólo encontramos a una niña; por cada nueve niños con problemas de lectura sólo encontramos a una niña; por cada ocho niños con problemas de conducta sólo encontramos a una niña.

La generación de niños milenio se define como la generación del internet o del celular ya que, no sólo nacen experimentando esta tecnología, sino que además la utilizan la mayor parte de su vida. Es una generación que busca estar conectada con sus amigos en forma permanente y continua mediante el uso del celular o del *Messenger*. Se puede observar a niños en etapa preescolar pidiéndole al Niño Dios, a los Reyes Magos o a Santa Claus que les regale un celular, el más moderno, con cámara, internet y juegos. En cambio, nuestros adolescentes además de estar sumidos en la tecnología del celular son adictos al uso del internet y del *chat*. Duermen un promedio de tres a cinco horas diarias por estar *chateando* con amigos o desconocidos por medio de la computadora. Las compañías que ofrecen el servicio de internet expresan su preocupación por la saturación de sus servidores entre las dos y las cuatro de la mañana.

Es una generación que se considera experta en esta área, a diferencia de sus padres, y se relaciona con su realidad a través de una participación e interacción más activa. Los niños desde muy pequeños saben manipular la tecnología e interactúan con ella; tal es el caso de la computadora, el *Nintendo*, el *GameBoy*, el *PlayStation* o el *GameCube* y, por supuesto, los teléfonos celulares. Estos componentes electrónicos son dominados por nuestros hijos a la perfección porque reflejan el poder y la autoridad que tienen sobre su vida. La generación internet no sólo prefiere actividades que requieren su participación activa, sino además tiene una tendencia a mantenerse comunicado persistentemente con sus amigos y personas queridas.

El uso a temprana edad del teléfono celular genera una dependencia hacia el uso de esta tecnología. Es común observar a más gente hablar y contestar sus teléfonos celulares en el cine, en el restaurante, en los automóviles, y hasta en los baños nos mantenemos en conexión con el mundo. La innovación tecnológica que ofrece la telefonía celular nos permite no sólo mantenernos en contacto en forma auditiva, sino ahora en forma visual con la integración de cámaras digitales en los equipos.

Esta generación no sólo se define por la tecnología, sino por los nuevos valores y problemas que vive. Nuestros hijos enfrentan nuevos temas que antes no existían, como el SIDA, el SARS (síndrome agudo respiratorio severo), la depresión, el suicidio y el alcoholismo infantil, el estrés, la anorexia y la bulimia, entre otros.

Los niños de esta generación reciben también el nombre de *barbies* ya que enfrentan nuevos dilemas que no existían en las generaciones silenciosa y *baby boomers*. Nuestros adolescentes focalizan su autoestima, más que nunca, en su apariencia física (delgados o delgadas, color de piel claro pero bronceado y figura corporal de modelos de pasarela) y la forma de vestirse. Las mamás se obsesionan para que sus hijas sean las más bellas, lo que desemboca en niñas con anorexia en edad muy temprana, o las empiezan a vestir como adolescentes antes de tiempo. Es una generación de *barbies* porque buscan en la apariencia física y la posesión de bienes de "marca" el incremento de su autoestima. El poseer y usar artículos de marca, como *BMW*, *Nike*, *Diesel* y *Tommy Hilfiger*, brinda a los que los poseen una seguridad momentánea y superficial, pues estas personas centran su objetivo de vida en poseer para aparentar. ¿Qué sucederá cuando los padres o ellos mismos no puedan poseerlos? Hace tiempo, un hijo balaceó a sus padres porque no le dieron 1500 pesos y, en otro hecho, dos niños menores de 12 años golpearon a sus abuelos para quitarles 2000 pesos y comprarse unos pantalones de marca porque sólo tenían 500 pesos y no les alcanzaba. Si nuestros niños crecen concentrándose sólo en la apariencia física y en la posesión de bienes de marca, carecerán de valores para salir adelante por ellos mismos sin depender de las apariencias o de las posesiones.

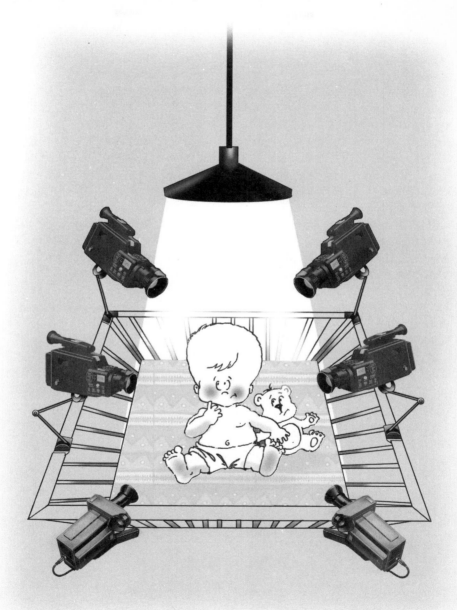

Niños sobrevigilados y sobreprotegidos

Otra característica de esta generación es que se forma con las mejores aportaciones educativas de la actualidad. En las aulas donde se educa a estos niños se utilizan los mejores sistemas y métodos educativos, como: la estimulación temprana, la educación bilingüe, los programas orientados al desarrollo cognitivo e intelectual y el uso de las computadoras y la tecnología en los salones de clase. Esto les proporciona un conocimiento y dominio de la ciencia muy superior al de sus padres. Por cierto, esta es una de las causas por la que los padres no pueden ayudar a sus hijos con sus tareas, pues aun en los primeros años escolares, los niños ya superan a sus padres en el dominio de un segundo idioma, el uso de la tecnología y en algunas habilidades intelectuales como el lenguaje y el pensamiento lógico. Sin embargo, esto puede producir una conducta *prepotente* y la falta de una actitud de humildad. Vemos a los adolescentes dirigirse sin respeto a sus padres más frecuentemente: "Ya cállate, tú no sabes nada" o "mejor no abras la boca, dices puras estupideces". Es triste escuchar, en las aerolíneas comerciales en México, a ejecutivos expresarse de sus jefes de la siguiente forma: "Mi jefe es un tonto, no puede hablar inglés y manejar una computadora. Siempre me habla para que le ayude" o "qué haría mi jefe sin mí, es un bueno para nada". La sociedad, la escuela y la familia se han preocupado en formar personas sumamente "inteligentes", pero poco humanas y sensibles hacia los demás. No olvidemos que a los hijos se les debe educar en su inteligencia, en su cuerpo y en su corazón.

En la actualidad, los padres tienen altas expectativas con respecto al logro de sus hijos, exigen de las escuelas altos estándares académicos y demandan de sus hijos lo mejor. Sin embargo, muchos de estos requerimientos están fuera del alcance de los niños y producen serios problemas de ansiedad, estrés y desadaptación social.

Hoy necesitamos personas *resilientes*, es decir, que sean capaces de enfrentar todo tipo de situaciones y retos sin el temor de fracasar, porque son capaces de levantarse después de cada descalabro. **"Infundamos a nuestros hijos el deseo de vivir sin tener, y el deseo de ser sin aparentar."**

Las prioridades actuales de los padres *baby boomers* y X

La generación de padres silenciosos consideraba la disciplina como base de la formación del carácter de sus hijos, y algunas veces, para lograr esto, usaron hasta los castigos corporales. El manazo, el pellizco, la nalgada o el cintarazo fueron castigos físicos comunes para corregir a los hijos. En la escuela, eran comunes los golpes con la regla y el gis (tiza), o el coscorrón para mantener el orden en el salón de clases. Los niños *baby boomers* crecimos en este ambiente de disciplina firme y de castigos físicos, ya que nuestros padres consideraban que, para educar hombres y mujeres integrales, era necesario el castigo y la firmeza y nunca dar una segunda oportunidad.

A pesar de que los *baby boomers* y X fuimos educados en un ambiente de disciplina y sin explicaciones (acatábamos las órdenes sin preguntar), siempre obedecíamos por respeto, y a veces por miedo, pero ahora que somos padres no queremos que nuestros hijos sufran. Los educamos con permisividad y los protegemos de cualquier situación que los pueda frustrar o traumar; y nos entremetemos en sus vidas previéndoles cualquier tipo de sufrimiento o enojo.

PRIORIDADES DE LOS PADRES

En un estudio realizado por Prado y Amaya en mayo de 2003, identificaron cuatro nuevas prioridades de los padres de familia *baby boomers* y X, y que ninguna otra generación de padres había presentado. El estudio se realizó a través de cuestionarios y entrevistas a más de 2000 padres de familia en el área metropolitana de Monterrey, y otra parte de la investigación consistía en hacer observaciones grupales en algunas ciudades del interior de México, como Saltillo, Torreón, Monclova, Durango, Zacatecas, Chihuahua y Reynosa, así como Ciudad Victoria y Veracruz. Además, este estudio correlacionó sus resultados con una investigación realizada por la compañía estadounidense *Nickelodeon*, en el año 2002, acerca de las nuevas tendencias de la familia.

Primera prioridad: hacer mi vida más fácil

Los padres de familia que participaron en el estudio manifestaron un gran interés en mantener la paz en la familia, y por esta razón evitan a toda costa tener confrontaciones y discusiones con sus hijos. Los padres consideran que estas fricciones ocasionan deterioro en las relaciones familiares y la posible pérdida del amor y cariño de los hijos.

Seleccione la situación que le sea más familiar:

1. Preparo una cena y cada uno de los miembros de la familia se la come.
2. Preparo una cena y hay discusión, pero sin importar el rechazo cada uno de la familia se la come.
3. Preparo dos cenas, una para los papás y otra para los hijos.
4. Preparo una cena para los papás y otra distinta para cada uno de los hijos.

¿Cuál situación ocurre más frecuentemente en su casa? Nuestro estudio arrojó que 70% de los padres eligen las opciones 3 y 4, evitan pasar un mal rato discutiendo con sus hijos acerca de qué cenar. Para no discutir acceden a los gustos de los hijos. Una forma equitativa y que ayuda a crecer y a madurar a los hijos sería la siguiente situación:

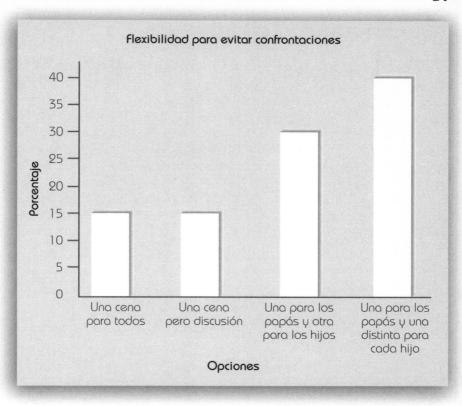

Flexibilidad para evitar confrontaciones

Esta familia está compuesta de papá, mamá y dos hijos. Un fin de semana se le pregunta a un hijo a dónde desearía ir a comer, en el siguiente fin de semana se le pregunta al otro hijo a dónde le gustaría ir a comer ya que es su turno. En los siguientes fines de semana el papá y la mamá decidirán, cada uno, dónde comer. Si los niños se molestan porque no es un lugar divertido y rico, los padres, de manera firme, no deberán ceder ante la presión y berrinches de ellos. Deben aprender que a veces son los hijos, pero otras veces son los padres quienes reciben los privilegios.

Actualmente, a algunos padres les provoca mucha ansiedad discutir o contradecir los deseos de sus hijos y, por no batallar, no les dan responsabilidades. Pero otros, para hacer su vida más fácil, los visten, les dan de comer en la boca, les hacen sus tareas, y les resuelven todos sus problemas con el fin de no discutir ni tener problemas en el hogar, pues esta situación les produce estrés y gran desgaste emocional. Las mamás comentan que para no batallar con sus hijos, en la mañana, los visten, les dan el desayuno en la camioneta mientras ven su película favorita. En otros casos, cuando el niño no desayuna en casa, las mamás les llevan la comida calientita y se las entregan en el recreo. Los niños no llevan un refrigerio a la escuela porque, según sus mamás, no deben sufrir comiéndolo frío.

Los padres manifiestan, en nuestros estudios, cansancio y además incompetencia para lograr que sus hijos sean disciplinados. Muchos de ellos se sienten incapaces de controlar a sus hijos, sin la autoridad para corregirlos o educarlos. Piensan que satisfacer la más mínima necesidad de cada uno de sus hijos es la mejor forma de mantener la paz en el hogar. Los padres buscan una vida más fácil cuando están en interacción con sus hijos.

Otro factor que determina esta prioridad, "hacer mi vida más fácil", es no establecer límites a los hijos porque implica disciplinarlos y ser constante para aplicar estas normas. Para hacer esto, los padres suponen muchas confrontaciones con sus hijos, razón por la cual han cedido estos límites y son totalmente permisivos. Un ejemplo de esto es cuando algunos adolescentes no tienen un horario para utilizar el internet (*Messenger*), por tanto, se duermen muy tarde, y al día siguiente, cuando van a la escuela, se están durmiendo.

Segunda prioridad: hacer a mis hijos felices

Lo que más desean los padres es ver a sus hijos completamente felices, y lo que más les perturba es verlos sufrir. Sin embargo, nuestros hijos necesitan sufrir un poco para formar su carácter y su voluntad, y deben aprender que para lograr la verdadera felicidad se requiere esfuerzo y muchas veces sacrificio.

La generación de padres *baby boomers*, y más especialmente los padres X, buscan a toda costa la felicidad de sus hijos y evitan molestarlos con reglas disciplinarias, con límites, consecuencias negativas, responsabilidades y favores.

¿Cuál sería su reacción en la siguiente situación familiar? En nuestra casa, tenemos una celebración e invitamos a toda la familia. Llegan nuestros hermanos con sus hijos y todos ellos se sientan en la sala y empiezan a ver caricaturas en la televisión. Al rato, llegan los abuelitos de los niños, pero todos los lugares para sentarse en la sala están ocupados. ¿Qué hacen? Elija una de las siguientes opciones:

1. Los papás se levantan de sus lugares para cederlos a los abuelitos.

Realmente, ¿quiénes son los papás y quiénes son los hijos?

2. Les piden a los niños que cedan sus lugares y se sienten en el piso.
3. Les piden a los niños que vayan por más sillas para que se sienten los abuelitos.
4. Le piden a la muchacha (trabajadora doméstica) que traiga más sillas.

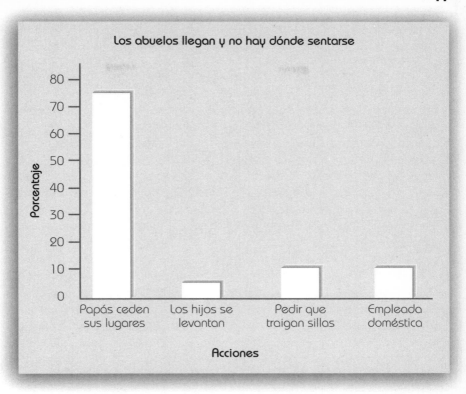

Los abuelos llegan y no hay dónde sentarse

Nuestro estudio demostró que 75% de los padres eligieron la opción número 1, y su razón fue que no querían perturbar a sus hijos y era mejor que los padres se pararan y/o fueran por más sillas. Los padres expresan miedo a sus hijos ya que éstos reaccionan muy negativamente y algunos llegan a manifestar hasta agresión. El otro día estábamos observando la interacción de los padres e hijos en un parque infantil. Después de un rato llegó una mamá con dos niños de cuatro y siete años aproximadamente. La mamá se sentó en una de las bancas mientras sus hijos corrieron rápidamente a los juegos infantiles; 15 minutos después llegó una mamá embarazada con una niña de seis años aproximadamente. La niña dejó a su mamá y rápidamente corrió hacia los columpios. Al no encontrar alguna banca desocupada para sentarse pidió permiso para sentarse en el espacio que estaba desocupado de la banca, y la señora asintió. A los pocos minutos llegaron los niños de la primera señora y le exigieron que se quitara inmediatamente: "Quítate, este es nuestro lugar" y "hazte a un lado". La señora embarazada esperó a que la mamá de estos niños dijera algo, pero para su asombro ni una palabra pronunció. Apenada se levanta y deja que los niños se sienten al lado de su madre. Pudimos observar el miedo que tienen algunas mamás de pedir favores a sus hijos. La reacción que esperábamos ver de la mamá era: "Ni modo, hijitos, esta señora necesita más este lugar que ustedes. Pero pueden sentarse en el piso, no les pasa nada." Sin embargo, la señora prefirió no incomodarlos y dejarlos que fueran felices.

Los padres confunden el concepto de abuso con los conceptos de obediencia, responsabilidad y respeto. La obediencia es un componente esencial en la formación de los hijos. ¿Qué sucede si nuestro hijo no nos obedece?, ¿cómo serán capaces de adquirir los valores si no nos hacen caso para ponerlos en práctica?, ¿cómo aprenderán a respetar si no nos obedecen en situaciones relacionadas con este valor?

La primera virtud que nuestros hijos necesitan adquirir de los padres es la obediencia. Un paso para que los hijos puedan crecer como personas es que obedezcan a los adultos. Y este punto es el más crítico en estas generaciones, pues es común encontrar niños y adolescentes que no respetan ni obedecen a la autoridad. El niño crece en un mundo en donde la familia, la escuela y la sociedad son cada vez más permisivas y no vive la firmeza para cumplir con las reglas establecidas en casa.

Tercera prioridad: educarlos para que sean los mejores

La generación de padres *baby boomers* y particularmente los padres X esperan que sus hijos sean siempre los primeros en todas las actividades donde se desempeñan: escolares, sociales y deportivas. La mayor desilusión es ver a los hijos que no logran distinguirse sobre los demás. Hace algunos meses conversábamos con una mamá sumamente angustiada porque su bebé de 10 meses no lograba gatear. Le comentamos que tuviera paciencia y que no se preocupara si no lograba gatear, ya que hay muchos niños que nunca gatean. Pero la mamá sollozaba de la angustia al ver que su hijo no era "normal" con respecto a los otros niños.

Cuando los hijos no cumplen las expectativas que se tienen de ellos, además de crearles una gran angustia, aumentan las excusas para justificarlos: "Es que mi hijo es hiperactivo", "tiene déficit de atención", "estuvo despierto muy tarde y no durmió lo suficiente", etc. En la gráfica se muestra que 50 % de los padres de familia justifican el fracaso de sus hijos por causas ajenas a ellos.

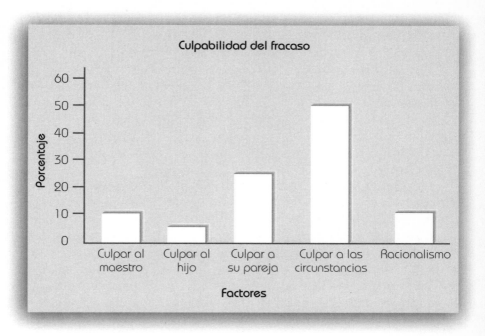

Además, podemos observar que 25 % de los padres opina que su pareja es la responsable del fracaso de sus hijos. En los últimos años se han incrementado los conflictos entre la pareja por las nuevas funciones que realizan tanto el hombre como la mujer, y esta confusión provoca acusaciones de negligencia paterna y materna entre los padres. La esposa recrimina al marido su falta de colaboración en las labores domésticas y de compromiso en la disciplina y educación de los hijos. Las expectativas hacia los hombres han cambiado dramáticamente en las dos últimas décadas, se espera que se involucren más no sólo en el trabajo doméstico, sino que además participen activamente en la educación y formación de los hijos. Por su parte, las mujeres han transformado su papel social aceptado tradicionalmente por muchos años. A la mujer sólo se le consideraba apta para realizar trabajos domésticos, cuidar a los hijos y halagar al marido. Actualmente, han triplicado sus responsabilidades pues no sólo continúa siendo el integrante más importante del hogar en su administración, en el trabajo doméstico y en el cuidado de los hijos, sino también es la figura más legítima de disciplina, colaboran más significativamente en la aportación económica en el hogar y, en muchos de los casos, es la única figura sólida y consistente en el núcleo familiar.

Hijos víctimas

Tanto el padre como la madre demuestran estrés en la educación de sus hijos, y aumentan su ansiedad cuando los hijos no cumplen las expectativas, situaciones que propician discusiones de culpabilidad de uno hacia otro convirtiendo la convivencia familiar en un infierno. Además, los hijos aprenden a no enfrentar las consecuencias de sus conductas y adquieren una actitud de "víctimas" en donde el mundo exterior es responsable de actos. Para ilustrar este fenómeno presentamos el siguiente caso que le ocurrió a uno de los autores: Hace algunos meses amonesté a un estudiante universitario porque tenía retardos en todas las clases y le advertí el riesgo de reprobar la materia por este motivo. Sin embargo, el estudiante argumentó sus retardos: "No es mi culpa que llegue siempre tarde. La culpa la tiene la universidad ya que hay demasiado tránsito para el estacionamiento y no puedo encontrar un lugar para mi automóvil, y por eso llego tarde. La universidad debe mejorar sus estacionamientos, así no llegaré tarde." Le pregunté: "¿Cuánto tiempo generalmente llegas tarde?" Y él respondió: "Entre 10 y

15 minutos." Entonces le repuse: "¿Por qué no sales 15 minutos más temprano de tu casa y llegarás a tiempo siempre?" Pero él se opuso diciendo: "No sacrificaré 15 minutos de mi sueño y además, la universidad tiene la culpa. Son ellos quienes deben mejorar el servicio." Por más que intenté convencerlo de que en muchas situaciones de la vida debemos adaptarnos y no al contrario, todo fue imposible. Al final del segundo mes de clases, el alumno se dio de baja por sus retardos, y su padre lo cambió de universidad porque su hijo sufría mucho cuando se le exigía demasiado. El muchacho tenía apenas 24 años. ¿Cuándo madurará?

Cuarta prioridad: trabajar para darles sólo lo mejor

La nueva dimensión familiar, en donde ambos padres trabajan y proveen de mayores ingresos económicos al hogar, y los pocos hijos favorecen la adquisición de productos de calidad y "marca". Conocemos familias que al llegar el segundo bebé compran todo nuevo: cuna, edredones, biberones, chupones, juguetes, etc., porque consideran que merece lo mejor.

Los padres de la generación X reflejan mayor ansiedad que los padres *baby boomers* en la obtención de mejores ingresos económi-

cos para proporcionarles lo mejor a sus hijos. Aún más, los hijos exigen que las madres trabajen porque con ello podrán conseguir más fácilmente lo que desean y generan mucha presión en la decisión de dejar el hogar por obtener un poco más de dinero.

En la siguiente gráfica se muestran los diferentes niveles de estrés que producen los elementos de tiempo, dinero, trabajo y educación de los hijos. La generación X manifiesta mayor ansiedad para tener suficiente dinero para sus hijos que los padres *baby boomers*.

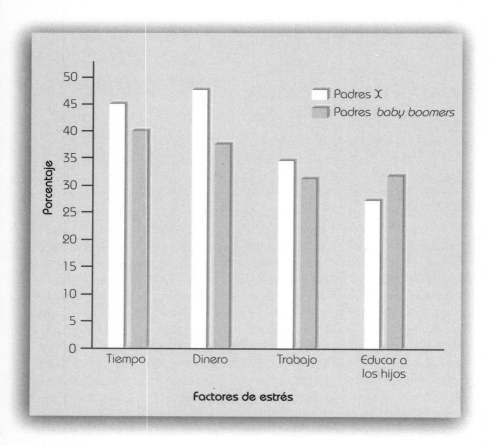

Superniños y minimonstruos

En las últimas tres décadas del siglo pasado, la psicología hizo grandes descubrimientos acerca del desarrollo de la cognición y la inteligencia en los niños. El famoso psicólogo suizo Jean Piaget (1896-1980) cambió nuestra manera de pensar con respecto al desarrollo de la mente de los niños. El conocimiento no se adquiere sólo con exponérselo al niño, sino que requiere una participación cognitiva para la construcción de su intelecto. El gran psicólogo estadounidense Howard Gardner en su teoría de las inteligencias múltiples propone que la inteligencia es multifacética y multidimensional. Define el potencial humano en términos de la habilidad para resolver problemas en situaciones que el ambiente lo requiera. Bajo esta perspectiva, Gardner identificó ocho diferentes tipos de inteligencias: la verbal, la lógico-matemática, la espacial, la musical, la cinestésica-corporal, la interpersonal, la intrapersonal y la ecológica.

EDUCACIÓN PARA LOS NIÑOS DEL NUEVO MILENIO: DE LA ESTIMULACIÓN TEMPRANA AL DESARROLLO DE LA INTELIGENCIA, ¿REALMENTE ES NECESARIO?

Estas nuevas concepciones han transformado la noción de una inteligencia estática y única en una inteligencia dinámica y siempre en desarrollo. Estas ideas tuvieron y tienen gran impacto en los padres de familia y en las escuelas. Según sociólogos, psicólogos y educadores, las últimas generaciones de padres han tomado más en serio que nunca la educación de sus hijos. Actualmente, las familias cuentan con recursos materiales, intelectuales y tecnológicos para dedicárselos al fomento intelectual y emocional de sus hijos como nunca antes. Los padres de familia atiborran a sus hijos, desde muy temprana edad, de juguetes y programas para que los estimulen intelectualmente con el fin de que tengan mejores herramientas para salir adelante cuando sean adultos.

Los últimos descubrimientos en el desarrollo intelectual demuestran que el cerebro de los niños está preparado, desde edad temprana, para recibir estímulos que repercutirán en sus aptitudes de adulto. Los estudios de desarrollo neurológico demuestran que el cerebro es capaz de aprender muy prematuramente, y si no es estimulado de forma adecuada puede perder su potencial. Estos hallazgos han propiciado un verdadero entusiasmo educativo. Los niños de este nuevo milenio pueden verse bombardeados con todo tipo de programas y clases de idiomas, tarjetas de memoria y lectura (método Doman), música para desarrollar el intelecto (efecto de Mozart), móviles para desarrollar su percepción visual, cuentos con diferentes texturas para desarrollar su tacto. Pero, ¿realmente es todo esto necesario?

Hay opiniones encontradas, pero existen pocos estudios serios que nos indiquen que todo lo anterior es necesario para el desarrollo pleno de nuestros hijos. Recordemos que en la mayor parte de la historia de la humanidad los niños se han dedicado a ser niños. Su vida consistía en jugar y disfrutar su entorno. John T. Bruer, en su libro *The myth of the first three years. A new understanding of early brain development and lifelong learning* (*El mito de los tres primeros años. Una nueva comprensión del desarrollo temprano del cerebro y su aprendizaje permanente*) presenta críticas a las prácticas de la estimulación temprana. Algunos expertos de esta corriente aseguran que la educación precoz es menos efectiva que la relación y el trabajo cognitivo, social y emocional que pueden hacer los padres en su entorno familiar, como hablarles mientras se prepara la comida o leerles cuentos por la noche. La única educación temprana efectiva es la que hacen los papás cuando crean un ambiente seguro y de confianza en la familia. El tiempo que pasamos con nuestros hijos jugando, leyendo, conviviendo y platicando posee todos los ingredientes necesarios más que todas las actividades extracurriculares juntas.

Sin embargo, estos fenómenos, evidentemente positivos, muestran resultados nada alentadores, los niños presentan serios problemas de adaptación, de conducta y de desarrollo a pesar de tantos adelantos en la psicología y en la educación infantil.

Depresión infantil, ansiedad, estrés académico y soledad son algunos de los síntomas que muchos de los niños y adolescentes presentan. En un estudio realizado por la Universidad de Yale no se encontró una diferencia significativa en el desarrollo cognitivo e

intelectual entre adolescentes que fueron expuestos a una estimulación temprana con los que no. Pero sí se encontró una diferencia significativa con respecto a baja autoestima, problemas de depresión y
ansiedad en los adolescentes que fueron expuestos a estimulación
temprana.

La presión y las expectativas de los padres violentan el desarrollo
de sus hijos, las clases de música, inglés, karate, ballet, compu-
tación... ¿queda algún minuto en el que el niño pueda hacer algo
más? ¿Puede tener un momento para que juegue solo en su cuarto?
Y lo más importante: ¿Hay tiempo libre para que mamá o papá con-
vivan con su hijo? Los niños de esta generación están cansados de
tantas actividades que al llegar a su casa van directo a su cama.

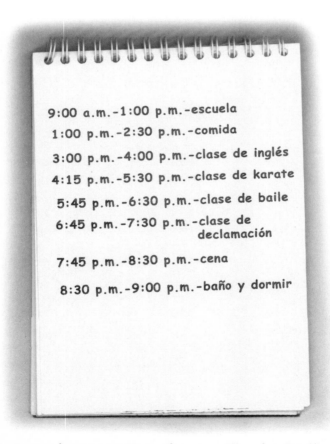

9:00 a.m.-1:00 p.m.-escuela

1:00 p.m.-2:30 p.m.-comida

3:00 p.m.-4:00 p.m.-clase de inglés

4:15 p.m.-5:30 p.m.-clase de karate

5:45 p.m.-6:30 p.m.-clase de baile

6:45 p.m.-7:30 p.m.-clase de
                              declamación

7:45 p.m.-8:30 p.m.-cena

8:30 p.m.-9:00 p.m.-baño y dormir

Agenda ejecutiva de un niño de 4 años

Los padres no solamente exigen mejores destrezas de su descendencia, sino además tienen altas expectativas académicas en las escuelas donde sus hijos estudian. Una escuela preescolar que no contempla programa de idiomas, enseñanza de la lectoescritura, desarrollo del cálculo y de las ciencias es rechazada por la gran mayoría de los padres. Incluso parece haber más competencia entre las escuelas privadas por ser la que ofrezca más contenidos en sus programas. La competencia llega a tal nivel que olvidan las necesidades reales de los niños; cómo es posible que algunos preescolares enseñen álgebra cuando el niño apenas está adquiriendo el concepto del número, y cómo es posible que el niño esté aprendiendo a decodificar y leer un segundo idioma cuando apenas está interiorizando los significados de su lengua. Esta presión la sienten las escuelas cambiando su currículo, centrado en habilidades básicas, en programas centrados sólo en el desarrollo intelectual de sus estudiantes. En estos años, las escuelas centralizan sus esfuerzos educativos en el desarrollo de habilidades cognitivas superiores y académicas.

La preocupación, tanto de los padres como de las escuelas, hoy día es crear "superniños" con conocimientos y habilidades equiparables o mejores que los adultos: expertos en el uso de la tecnología, dominio de uno o dos idiomas extranjeros y capaces de superar a sus padres en varias áreas del conocimiento. Esto lo vemos cuando los padres deciden ayudar a sus hijos de preescolar, pero se sienten incapaces de ayudarles por lo avanzado del conocimiento. Los papás de hace 50 años (generación silenciosa) nunca tuvieron problemas en ayudarles a sus hijos en la tarea ya que, en aquel entonces, la educación se centraba en lo *básico*. Las escuelas subrayaban el desarrollo de habilidades esenciales como la aritmética, la lectura, la escritura y la memoria. No existía la complejidad del conocimiento como hoy día. No sólo las escuelas se han centrado en los contenidos académicos, sino también se han preocupado en el desarrollo de la inteligencia de sus estudiantes creando y aplicando programas con el propósito de incrementar sus coeficientes intelectuales y sus habilidades del pensamiento. Los estudios de la inteligencia en los niños afirman que ésta se ha incrementado hasta 10 puntos en los últimos 15 años, demostrando, según esta teoría, que nuestros hijos son más inteligentes que cuando sus padres eran pequeños. Esto puede representar un gran consuelo para la mayoría de los padres de familia, tener hijos muy brillantes, pero qué pasa con su corazón. La sociedad se preocupa por formar personas con una gran capacidad mental para adquirir y transformar el conocimiento, pero son minimonstruos que no tienen sensibilidad hacia los demás.

LA EDUCACIÓN AFECTIVA, UNA NECESIDAD

Robert Sternberg, importante teórico estadounidense, famoso por sus investigaciones de la inteligencia, puntualiza la necesidad que tiene la escuela de cambiar su enfoque academicista por un enfoque más afectivo. La educación estadounidense hasta el día de hoy, según Sternberg, se centra en el aprendizaje de las tres "R": *reading, writing* y *arithmetic*, esto es *lectura, escritura* y *aritmética*, y les propone otras tres "R": *razonamiento, resiliencia* y *responsabilidad*. Observamos una clara tendencia de los expertos en el campo de la cognición y de la inteligencia en afirmar la necesidad de retomar los elementos afectivos de la educación.

Daniel Goleman, en su libro más reciente *Emociones destructivas. Cómo comprenderlas y dominarlas* (2003), menciona que los estados mentales destructivos que más se presentan en nuestros hijos recientemente son: baja autoestima, exceso de confianza, resentimiento, celos y envidia, falta de compasión e incapacidad de mantener relaciones interpersonales próximas. También destaca su preocupación por la humanidad ya que está orientada en vivir estas emociones destructivas, en vez de crear y vivir estados afectivos constructivos como practicar la compasión, la bondad y el amor. Según Goleman, vivir un estado de vida orientado hacia las emociones destructivas produce daños en todos los aspectos de la persona: intelectual, emocional y social, por ello engrandece la bondad por encima de la felicidad. Platón, filósofo griego, dice que la persona buena es feliz y una persona feliz es buena. Y esta felicidad tiene que ver con la compasión y la serenidad.

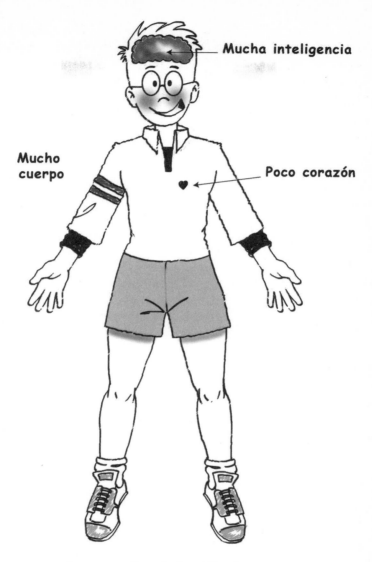

Anatomía del niño hoy

Hijos exitosos y felices, educados con carencias, disciplina y fracasos

Los padres de esta generación, a diferencia de las generaciones pasadas, estamos más comprometidos en la educación de nuestros hijos, estamos más cercanos afectivamente, jugamos más con ellos, los acompañamos más y confían más en nosotros, pero somos demasiado permisivos. Les damos demasiado a nuestros hijos y les exigimos muy poco. Esto lo observamos en las familias que hemos visitado en las escuelas, en los parques, en los centros comerciales, en nuestras conferencias y en las iglesias.

Como padres también hemos vivido este problema para encontrar un perfecto equilibrio entre las dos tareas más importantes de ser padres: mostrarles a nuestros hijos que los queremos y formarlos con las habilidades y valores que necesitarán para ser adultos emocionalmente saludables, lo cual requiere, muchas veces, que actuemos en forma dura y firme.

Las generaciones de padres *baby boomers* y X a menudo desarrollan dos funciones simultáneamente: ser padre y amigo, aunque la mayoría de las veces desempeñamos más el de amigo (Prado y Amaya, 2003). Como padres es natural, queremos colmarlos de todos los privilegios y protegerlos de todo fracaso. Pero al protegerlos del fracaso, la adversidad y el dolor, los privamos de la oportunidad de aprender habilidades y actitudes tan importantes como el deseo y el esfuerzo ante la carencia, la formación del carácter y la voluntad ante la disciplina y la tolerancia ante la frustración y el fracaso.

Cuando nuestros hijos sean adultos, los trabajos serán más complejos. Necesitamos prepararlos para cuando ellos sean responsables de sí mismos, y para ello debemos ayudarlos a que adquieran hábitos del carácter para que puedan enfrentar los retos de su vida adulta. Su felicidad va a depender de las herramientas que les podamos dar para desarrollar su madurez emocional como la honestidad hacia los demás, empatía, iniciativa, retrasar la gratificación, aprender de los fracasos y enfrentar las consecuencias de sus conductas.

EDUCARLOS CON CARENCIAS EN UN MUNDO QUE PRESIONA EL *TENER* PARA *SER*

Los niños y adolescentes, a partir de los años setenta del siglo pasado, tuvieron un estilo de vida centrado en el materialismo y en el consumismo. Esto se comprende por la razón de que sus padres, *baby boomers*, tuvieron un mejor estilo de vida, mayor solvencia económica y una familia pequeña, permitiéndoles la posibilidad de no sólo satisfacer las necesidades básicas, sino además, saciar a sus hijos de toda clase de bienes como juguetes, ropa y hasta automóviles. Desgraciadamente, esta tendencia en vez de desaparecer está acentuándose cada vez más, actualmente no sólo satisfacemos hasta el más mínimo capricho de nuestros hijos, sino lo hacemos con productos de lujo. Los niños y los adolescentes de este nuevo siglo ya no se contentan con poseerlos, sino que tienen que ser de calidad y marca. La autoestima de esta generación se centra en el tener y no en el ser. Y sus padres, sobre todo la generación X, se presionan económicamente para darles hasta lo que está fuera de sus manos. Conocemos muchos padres de familia que se endeudan por años, pero sus hijos tienen la fiesta de 15 años que tanto deseaban o el automóvil último modelo, mientras que mamá todavía sigue esperando uno.

Una tarde fuimos a una tienda de autoservicio para realizar algunas compras y estábamos acompañados por un sobrino. Nuestro sobrino empezó a desesperarse y a exigir que le compráramos un pastelito porque tenía mucha hambre. Tratamos de convencerlo de que esperara para la hora de la comida, y como no lograba su propósito empezó a levantar su volumen de voz. Entonces, una señora se nos acercó y nos dijo: "Pobrecito niño, por qué no le dan lo que está pidiendo." Le explicamos que era muy importante que esperara. Terminamos nuestras compras, pagamos y cuando íbamos hacia el estacionamiento, la señora nos alcanzó y con un pastelito en su mano le dijo a nuestro sobrino: "Mira, hijito, aquí tienes", y se retiró ante nuestra sorpresa. Con esta experiencia dejamos ver cómo la sociedad, y no sólo los padres, ejerce igualmente presión para satisfacerlos porque no aprueba verlos sufrir. Y los padres se esfuerzan hasta lo imposible buscando su aprobación.

Las fiestas infantiles y las piñatas se han convertido en una imagen y estatus social. Los padres empeñan su casa, auto y pertenencias familiares con el fin de darles la mejor fiesta y los mejores regalos a sus hijos. Observamos, en las fiestas, a los niños festejados como modelos usando vestidos o trajes muy esplendorosos con el fin de lucirlos a la familia, amigos y sociedad. Sin embargo, se la pasan aburridos sin poder jugar ni convivir con sus amiguitos ya que pueden estropear su ropa. ¿A quién debemos festejar: a los hijos o a los padres? En una escuela de nivel preescolar, una mamá festejó el cumpleaños de su hija de sólo cuatro años en la plaza de toros de Monterrey. Tuvimos la oportunidad de asistir a la fiesta y constatamos que los papás "echaron la casa por la ventana". La fiesta fue amenizada con dos toros mecánicos, tres grupos infantiles, comida y bebida de todo tipo. Le preguntamos a la mamá ¿cuánto había gastado en la fiesta?, y nos contestó: "No les puedo decir cuánto, pero costó más que mi boda." No podemos imaginar cuando su hija cumpla 15 años el tipo de fiesta y regalos que le darán. Como mencionamos en el capítulo 2, los padres X desarrollan mayor estrés en el aspecto económico por proporcionarles a sus hijos lo mejor, que la generación de padres *baby boomers*.

En otra ocasión, una mamá le compró ropa y zapatos de marca a su hija de tres años, aun sabiendo que en unos meses no le quedarían, pero contestó que era su cumpleaños y que tenía que estar muy bonita para las fotos de su piñata.

Darles todo a nuestros hijos y no pedirles nada a cambio provocará que demanden más de lo que merecen.

Si como padres proporcionamos y satisfacemos hasta el mínimo capricho de los hijos, los educamos en la apatía y la flojera, desconocen el esfuerzo, la trascendencia (valorar) y el deseo. Ante una sociedad que valora el consumismo y el tener sobre el ser, es muy difícil luchar contra corriente. En casi todas las pláticas que ofrecemos de orientación a los padres de familia, éstos expresan su preocupación por el aislamiento que pueden sufrir sus hijos si los privan del último modelo del *GameBoy* o de la muñeca que está de moda o del celular más moderno que tiene cámara, video y juegos.

El hombre necesita pasar un poco de hambre y tener un poco de frío para desarrollar su templanza.[1] El vivir con pequeñas carencias ayuda a los niños a tener más herramientas cuando sean adultos. Podrán vivir con lo mínimo y nunca se rendirán ante las dificultades económicas y carestías. En una ocasión, un padre nos comentaba lo siguiente: "Hace algunos días mi hijo me pidió mi automóvil prestado porque tenía una entrevista de trabajo. Le comenté que ese día lo necesitaba y podía usar el otro auto de la casa, pero me argumentó que estaba un poco más viejo y que quería dar una mejor impresión. Pero le volví a negar el auto porque lo necesitaba, y entonces, me amenazó de no ir a la entrevista si no le prestaba mi auto. Y efectivamente no fue y perdió una oportunidad porque no fue capaz de vivir con carencia."

Algunos padres de familia piensan que si no satisfacen los deseos de sus hijos o los hacen esperar para darles ese juguete que más anhelan, se van a traumar, ya que todos sus amiguitos no sufren porque sus padres les proporcionan todo. Esta situación, realmente, provoca gran ansiedad entre los padres al sacrificar hasta lo último para que sus hijos no sufran. Los padres que hacen que sus hijos esperen y no les proporcionan todo lo que desean a la primera, reconocen que la vida no es tan simple y fácil como se ve, y les comprueban a sus hijos que requieren algo más que existir para recibir todo de sus papás.

El educar con carencias consigue que los niños y jóvenes encuentren un sentido a su vida y además ayuda a desarrollar tres valores: el esfuerzo, el deseo y la valía. Lo primero que enseña a nuestros hijos vivir con carencias es que todo lo que vale en la vida

---

[1] Es una actitud que fomenta el desarrollo de la fuerza de voluntad ante la dureza y la adversidad de la vida.

requiere esfuerzo, sacrificio y trabajo. Un niño que es colmado de todos los bienes no percibe que existe un empeño detrás de todo ello. Es muy común entre los padres prometerles y proporcionarles premios para que puedan cumplir con sus obligaciones. Los niños ya no piden, sino exigen a sus padres. Escuchamos frecuentemente lo siguiente: "¿Qué me vas a dar porque salí bien en la escuela? Las mamás de mis amiguitos siempre les dan juguetes o premios porque sacan buenas calificaciones." Un día estábamos en una tienda cuando vimos a una niña que no quería tomar la mano de su mamá, por más que ella le insistía porque había mucha gente en la tienda y se podía perder. Finalmente, desesperada, le dice: "Bueno, te compro un premio si me das la mano y me obedeces." El niño descubre que la vida no requiere sacrificios ni esfuerzos para recibir gratificaciones, y a pesar de comportarse mediocremente seguirá obteniendo sus gustos.

Otra implicación de este punto es lo que comentamos en el párrafo anterior, nuestros hijos no serán capaces de salir adelante si sufren carencias. Existen cientos de trabajos que son rechazados por jóvenes egresados de la universidad porque no cumplen sus expectativas, como sueldos mayores de 50 000 pesos, automóvil último modelo, oficina propia y al menos mes y medio de vacaciones. Un dueño y director general de una empresa nos comentó: "¿Qué pasa con estos jóvenes? Llegan pidiendo las perlas de la virgen y cuando les contesto que primero necesito ver su calidad de trabajo y responsabilidad y en tres años obtendrán lo que están pidiendo, me dan la espalda y se van." Y termina diciéndonos: "Estos jóvenes no quieren empezar desde abajo. No quieren hacer sacrificios. Esperan todo sin nada a cambio." Esto parece que no sólo sucede entre los niños y jóvenes, sino también entre los adultos. Recientemente, una mamá nos escribió un correo electrónico pidiéndonos ayuda. Comentó que tenía 15 años de casada y desde hacía tres años su marido había perdido el trabajo y no había podido conseguir otro. Para mantener a la familia, la mamá empezó a preparar y vender tamales y con ello han podido sobrevivir. Y aquí viene lo interesante. La mamá ha invitado a su marido para que la ayude a distribuir y vender, pues su profesión es contador, pero su marido le contesta que ese trabajo no es digno de él y que no se rebajará a realizarlo. Entonces, la mamá nos pregunta, "¿qué puedo hacer, mi marido no consigue empleo, pero tampoco desea apoyarme?" Otra señora nos comentó algo similar: "Tenemos 22 años de casados y toda nuestra vida matrimonial mis suegros nos han ayudado dándonos casa, automóviles y apoyándonos con los gastos de comida, ropa y colegiatura de nuestros hijos. Pero a causa de la crisis económica que se vive en México durante los últimos tres años, nos expresaron que no continuarían ayudándonos económicamente. Tuve que estudiar decoración y pude, con los pocos ahorros que tenía, poner una pequeña tienda de regalos y, hasta eso, no me está yendo mal ya que podemos sobrevivir. Pero no he podido convencer a mi marido de que trabaje o me ayude en la tienda de regalos, sólo me responde que: 'si no ha necesitado trabajar por 22 años, no lo hará nunca más' y además, que ahora me corresponde a mí mantenerlo porque sus padres me mantuvieron."

Esta ausencia del esfuerzo dificulta también la adquisición del segundo valor de educar con carencias que es el deseo. Los padres que satisfacen todas las necesidades y los sueños de sus hijos, les niegan la capacidad de desear y entusiasmarse por algo. No tienen la aptitud de apasionarse por algún ideal y viven un vacío existencial. No tienen motivaciones para vivir y encuentran la vida aburrida y sin sentido, en otras palabras, viven una vida vacía. Nuestros hijos reflejarán conductas de apatía, depresión y hasta suicidio como consecuencia de este vacío existencial y espiritual, todo les parecerá monótono y aburrido porque no existe en ellos la capacidad de asombrarse ni el deseo de tener y, sobre todo, el deseo de ser. Preguntamos a los muchachos universitarios de varias universidades privadas de México cómo se ven dentro de cinco años y contestan que todavía como estudiantes, viajando por el mundo, disfrutando la vida con los amigos y en antros, pero muy pocos con un proyecto de vida profesional y personal definido. Platicando con un alumno de 20 años, condicionado académicamente desde su primer semestre de carrera por reprobar cinco de las seis materias que cursó, le preguntamos cuál es su estilo de vida después de que toma las clases en la universidad, contestó: "Los viernes y sábados me pongo a tomar con mis amigos desde las seis de la tarde hasta las seis de la mañana del día siguiente. Los domingos, después de levantarme a las cuatro de la tarde, voy con mi novia y vamos a la iglesia. Entre semana, me acuesto entre las tres y cuatro de la mañana platicando con mis amigos y me levanto a las 7:30 de la mañana para entrar a las ocho a la universidad." Y le preguntamos cómo se ve dentro de cinco años y responde: "Como estudiante y disfrutando la vida con mis amigos." La vida de este estudiante no requiere un esfuerzo extra porque sus padres lo protegen y excusan diciendo: "Mi hijito, si no disfruta la vida ahora que es joven, entonces ¿cuándo?" ¿Qué sucederá cuando este muchacho se canse y se harte de esta vida y no encuentre su sentido de trascendencia? Descubrirá que ni su vida tiene caso que exista y, entonces, su puerta de salida será el suicidio. No fomentemos más este vacío, ayudemos a nuestros hijos a que encuentren su sentido, precisamente viviendo con carencias para provocar su deseo de tener y ser.

Y por último, el vivir con carencias desarrolla una actitud de valor hacia la vida. Los niños se percatan que merecen todo por el hecho de existir, vivir y convivir con la familia. Demandan que todas sus necesidades, gustos y caprichos sean satisfechos inmediatamente, y los padres, para no defraudar a sus hijos, los colman de bienes en forma inmediata y con calidad lo que provoca una actitud de desagradecimiento e ingratitud hacia sus padres.

Los hijos que reciben sin dar algo a cambio consideran que es obligación de sus padres satisfacerlos en todo. Los padres deben tener claro que sus obligaciones son las siguientes: alimentarlos, vestirlos, educarlos y, cuando lleguen a estar enfermos, buscar los medios para curarlos, todo lo demás es extra, no hay ninguna obligación de proporcionárselos. Esto lo deben entender nuestros hijos, y hay que explicarles que nuestro amor es tan grande que les podemos dar ciertos privilegios, pero no es nuestro deber. Hijos que no saben vivir con carencias serán personas dependientes de sus padres, aun en la edad adulta. Les exigirán que los sigan colmando de bienes, pero ya no serán juguetes o ropa sino viajes, automóvil, casa y hasta demandarán que les proporcionen un negocio propio ya establecido. Y para colmo, no obstante recibir gratuitamente todos estos bienes, les echan en cara a sus padres la porquería que les están dando.

Si a nuestros hijos les damos todo desde pequeños, estaremos provocando un sentimiento de superioridad como resultado de colmarlos de tantos bienes. Les decimos a nuestros hijos que los bienes son más importantes que las acciones y la productividad. Debemos educarlos, donde la vida adquiere valor y significado a través del trabajo y esfuerzo y sólo así nuestros hijos lo lograrán (Johnson, 2004).

Nuestros hijos son una generación que no valora y, además, malagradecida

México, junto con el mundo, está viviendo una de las peores crisis económicas de los últimos 60 años, situación que afecta la adquisición y la distribución de bienes en el hogar. Los padres deben reflexionar más acerca de la distribución, dando preferencia a las necesidades prioritarias como la salud, la alimentación, el vestido, la educación y la vivienda. Sin embargo, hay padres capaces de sacrificar estas prioridades, pero de ninguna manera privarán a sus hijos de sus gustos. Este bienestar provoca que los hijos retrasen la separación del hogar y el matrimonio.

Anteriormente, los padres de familia estadounidenses presionaban a sus hijos cuando cumplían 18 años de edad para salir de la casa, con el fin de fortalecer su independencia. Estos jóvenes, entonces, buscaban sobrevivir por sí mismos, conseguían trabajo para sostenerse económicamente, buscaban un lugar donde vivir y costeaban sus estudios, pues la mayoría sólo terminaba la preparatoria o bachillerato. Sin embargo, en los últimos años, estos jóvenes se quedan en casa porque tienen todos los privilegios y no sufren las consecuencias de la separación, y los padres favorecen esta situación porque no quieren estar solos.

EDUCARLOS CON DISCIPLINA EN UN MUNDO PERMISIVO

Sólo toma un momento mirar a nuestro alrededor. No podemos ir a una tienda o a un restaurante sin ver a un niño hacer un berrinche por un dulce que su mamá no le quiso dar, o ver a otro niño gritándole a su mamá o pateando a su papá porque no lo deja un rato más en las maquinitas de los videojuegos. Y los padres, en respuesta, los complacen en sus caprichos y tratan de ignorar sus berrinches y conductas desafiantes.

Robert Shaw, psiquiatra infantil estadounidense, en su libro *The Epidemic* (*La epidemia*), describe los principales errores en la educación de los hijos que favorecen el aumento de problemas emocionales y de adaptación de los hijos:

1. No leer, hablar y jugar con los niños pequeños. Esto puede producir un retraso en la adquisición de sus habilidades verbales.
2. No tener reglas y normas firmes que deban ser administradas con tranquilidad y valor y sin sentimiento de culpa o remordimiento.
3. Permitir al hijo un control inapropiado de su vida. Darles demasiada libertad sin madurez y responsabilidad puede ser catastrófico. *Libertad sin límites es anarquía*.
4. Gritos y amenazas como únicas herramientas de disciplina. Podemos ser firmes sin intimidar y violentar física o psicológicamente a los hijos.
5. Esperar demasiado cuando demandamos muy poco de ellos. Si nuestro hijo pasa la mayor parte de la tarde viendo televisión y jugando videojuegos, no esperemos que sean excelentes estudiantes y personas.
6. No permitir a nuestros hijos que tengan la experiencia de obtener triunfos partiendo de sus propios esfuerzos.
7. Sobreexposición a los medios de comunicación, como la televisión e internet.
8. No proveer a los hijos la oportunidad de vivenciar actividades que se desarrollan sentados en silencio, concentrados y atentos. Cuando los padres cometen muchos errores por ignorancia, fuerza de voluntad o por comodidad están produciendo personas hedonistas, permisivas, consumistas y relativistas, que no tienen puntos de apoyo ni saben a dónde van, convertidas en objetos que van y vienen (Rojas, 2003).

La disciplina es uno de los regalos más importantes que los padres pueden hacerles a sus hijos. La seguridad y la estructura que un niño encuentra en la disciplina son fundamentales para el desarrollo de su autoestima. Los niños necesitan límites, y en ellos encuentran tranquilidad y equilibrio (Sparrow, 2003).

La palabra disciplina proviene del latín *disciplina*, que significa *enseñanza*. El significado original denota autodisciplina necesaria para dominar una tarea (Marshall, 2002). La disciplina no significa castigo, sino inculcar autocontrol en los niños, de manera que éstos puedan crecer en libertad y con felicidad.

Necesitamos formar hijos más firmes, decididos y alegres que enfrenten los retos y los desafíos de su vida. A continuación defi-

1968

2005

nimos las "siete reglas reales de la vida" que nuestros hijos afrontarán en su vida adulta:

Las siete reglas reales de la vida

Regla 1
La vida no es justa. Afróntala.

Regla 2
El mundo no se preocupará por tu autoestima. Te exigirá resultados antes de que te sientas bien.

Regla 3
No ganarás miles de pesos mensuales al terminar tus estudios profesionales. Necesitarás ganártelos y te puede costar muchos sacrificios.

Regla 4
Si piensas que tu maestro es estricto, espera cuando tengas un jefe. Él no te dará segundas oportunidades.

Regla 5
Si fracasas o te equivocas, no será culpa de tus padres. No llores tus fracasos, aprende de ellos.

Regla 6
Algunas escuelas han suavizado sus exigencias, pero la vida no. En la vida real, saldrá adelante el que tenga mejores herramientas para enfrentarla, la vida no tendrá compasión para el mediocre.

Regla 7
Los padres de familia y la escuela consienten a los niños y jóvenes que hacen el papel de víctimas, pero la vida no. Las excusas y pretextos no salvarán a nuestros hijos de su irresponsabilidad e incompetencia.

El niño o joven con poca voluntad está amenazado por el mundo, es un ser frágil y cualquier desafío o tentación lo puede desviar de su camino. Los perdedores y ganadores no se hacen de un día para otro. Los primeros, tras muchos años de apatía, abandono y pereza; los segundos, por el contrario, después de una lucha constante contra sí mismos basada en la disciplina, esfuerzo y constancia. El que tiene voluntad dispone de sí mismo, porque sabe controlar y gobernar su vida. En otras palabras, es capaz de guiar su vida de acuerdo con su voluntad, y es capaz de posponer la satisfacción de lo inmediato y tener cierta visión del futuro. La voluntad debe ser educada desde la niñez a través de la disciplina. Padres permisivos y flexibles en la formación de sus hijos formarán adultos frágiles y susceptibles para un mundo duro y difícil. La complacencia sólo traerá una vida tranquila en los primeros años de vida, pero un infierno para el resto de la vida. A los hijos se les educa con respeto y amor, pero también con firmeza.

La educación contemporánea enfatiza la protección de nuestros hijos y sus derechos. Las escuelas, dentro de sus currículos, enseñan a los alumnos sus derechos para alertarlos del abuso y la violencia familiar y social. Algunos niños empiezan a abusar de esta información chantajeando a sus padres para obtener lo que ellos quieren, amenazándolos con reportar a las autoridades que están siendo maltratados. Hace algunos años, nuestras pláticas versaban acerca del abuso de los padres hacia sus hijos, y ahora hablamos de los abusos de los hijos hacia sus padres.

Los niños necesitan tener una figura de autoridad para crecer en un ambiente de seguridad y confianza. En los años sesenta del siglo pasado, la juventud reclamaba y cuestionaba la figura de autoridad. Fue una época donde la autoridad entró en crisis y cuestionaron su valor. En la actualidad, entre los hijos, no hay crisis de autoridad porque la autoridad no existe. Los padres, ahora, son amigos de sus hijos y olvidan ser padres con autoridad. Los niños crecen en un ambiente de disciplina donde la verbalización y la persuasión son las formas en que los padres los disciplinan. Hace unos meses, una mamá nos consultó acerca de cómo disciplinar a su hija de cinco años. Se trata de una niña que, como lo expresa su mamá, es muy desobediente y no la puede hacer entender que hay ciertas reglas en la casa que debe respetar. Le preguntamos algún ejemplo de desobediencia de su hija y nos comenta: "En la casa hay algunos límites. Por ejemplo, no debe comer en la sala y le explicamos la razón: en la sala hay alfombra y es muy difícil limpiarla, por ello, debe comer en el comedor." No obstante, aun con esta advertencia la niña come continuamente en la sala. Le preguntamos a la mamá qué le dice a la niña cuando come en la sala, y la mamá respondió: "Princesita, ¿quién es la más bonita e inteligente de la casa? Pues tú mi reina, por favor, te pido una vez más que no comas en la sala porque se va a ensuciar…" Esta mamá verbaliza y trata de persuadir a su hija cognitivamente.

Esta estrategia podría tener efecto si la hija respondiera utilizando la palabra para obedecerla, pero desgraciadamente no todos los niños responden correctamente sólo con la advertencia verbal. Los niños necesitan vivir, además de la palabra, la experiencia de las consecuencias de sus comportamientos. El niño al que amenazan verbalmente nunca madurará su carácter y voluntad porque no enfrenta las consecuencias en su vida. Estará acostumbrado a que sus padres le adviertan varias veces, y hasta espera segundas oportunidades, pero nunca una consecuencia o castigo.

Un día observábamos a un grupo de niños jugando en el parque, y la mamá de uno ellos le gritaba desde la casa que estaba en la esquina: "¡Hijito, es hora de cenar, métete a la casa!" Y el niño seguía jugando. Al rato, nuevamente la mamá le repitió su demanda, pero con voz más fuerte: "¡Juanito, ya métete, es hora de cenar!" Pero el niño continuaba jugando; 10 minutos después, la mamá llama a su hijo nuevamente, pero con un tono más amenazador: "¡Si al contar tres no vienes, vas a ver cómo te va a ir! ¡Una, dos, ya voy a llegar a tres y vas a ver!" Hay un momento en que la mamá espera que su hijo obedezca y nuevamente amenaza: "¡Una, dos y ya estoy a punto de decir tres...!" Y pudimos escuchar lo que le dice un niño a éste que no quiere obedecer: "Oye Juan, por qué no vas a tu casa, tu mamá se va a enojar", y le responde: "No le hagas caso, ni sabe contar hasta tres." Y siguió jugando hasta que su mamá enojada va por él hasta el parque y con jalones se lo lleva a su casa.

Jean Piaget, psicólogo cognitivo, especifica en sus investigaciones la forma como el niño aprende las normas y las reglas de los adultos. Esto lo hacemos de dos formas: usando palabras y acciones. Ambas enseñan una lección, pero sólo las acciones son concretas. Las acciones, y no sólo las palabras, influyen para que las reglas y normas sean respetadas. Sin embargo, los padres de familia, en la actualidad, consideran que sólo con las palabras y el recordarles constantemente sus obligaciones podrán ser disciplinados.

Los padres permisivos utilizan casi todas sus estrategias en repetir, advertir, amenazar, razonar, explicar, argumentar, debatir, negociar y otras formas de persuasión. Las consecuencias y las acciones, si son usadas, las experimentarán muy tarde, como en el caso anterior, o en forma ineficaz.

Usando estas conductas permisivas crearemos niños sin la conciencia de la relación de causa-efecto entre el comportamiento que eligen y la consecuencia que produce. Los niños, desde pequeños, necesitan vivir las consecuencias de sus conductas. En el siguiente ejemplo, analizaremos los diferentes tipos de respuestas que pueden dar los padres a sus hijos. Tenemos a una niña de cuatro años jugando con su muñeca que está hecha de porcelana muy frágil. Entonces, empieza a aventarla para arriba como su papá lo hace con su hermanito. Hay padres estrictos e inflexibles que le dicen a la niña: "Como no sabes jugar con tu muñeca, te la voy a guardar hasta que aprendas a cuidarla", y se la quitan. Hay otros padres permisivos que le dicen: "No la avientes porque se te puede caer y se rompe", y se lo recuerdan cada vez que arroja su muñeca hacia arriba. Y si por accidente la niña deja caer su muñeca al piso, llora y sus padres inmediatamente le compran otra igual. En ambos casos, ser estrictos y permisivos no ayuda a que esta niña tenga experiencias de sus consecuencias. En el primer caso, el padre evita que su hija tenga la experiencia de la consecuencia porque no permite a su hija tomar decisiones. En el segundo caso, la niña toma decisiones, pero no tiene la experiencia de la consecuencia porque sus padres inmediatamente remplazan la muñeca. Los padres deben darle oportunidad a sus hijos de que elijan su conducta, pero que asuman también la consecuencia. La niña avienta su muñeca, y los padres le deben advertir que si no la atrapa, cae al piso, se rompe y se queda sin muñeca. Debemos darle la libertad y que elija lo que considere más prudente. Si la niña continúa aventándola y se le cae y se rompe, entonces le decimos: "Hijita, tú decidiste seguir aventándola y se rompió, ni modo, te quedaste sin muñeca." Aunque la niña llore o grite para que le compren otra, los padres deben estar firmes en su decisión. A través de vivir las consecuencias, nuestros hijos crecerán con mayores herramientas, como la disciplina, el carácter y la voluntad, para hacer frente a este mundo tan difícil y tan lleno de hombres vacíos.

Como se mencionó en el capítulo anterior, el doctor Robert Sternberg, psicólogo e investigador estadounidense de la inteligencia y presidente de la APA (*American Psychology Association*), indicó, en su discurso inaugural en la conferencia anual de la APA en el año 2003, la importancia de concentrar la energía de las escuelas en las tres nuevas "R", que son: el razonamiento, la resiliencia y la responsabilidad. Las escuelas estadounidenses centraban su enseñanza, en los últimos 50 años, en las tres "R" que eran *reading*, *writing* y *arithmetic* (lectura, escritura y aritmética) que subrayaban la importancia del desarrollo sólo cognitivo y académico en la educación básica. El doctor Sternberg nos dice que es tiempo de retomar la formación emocional y ética de nuestros hijos.

En las décadas de los sesentas y setentas, los adolescentes y los jóvenes vivieron una de las crisis más importantes de autoridad de los últimos tiempos. Los jóvenes de esta época se rebelaron a la sociedad cambiando su físico (cabello largo), su vestimenta (pantalones acampanados y ropa extravagante), y surgieron los *hippies* como un fenómeno de protesta contra todo tipo de autoridad. Consumieron drogas y desafiaron a policías, militares y hasta presidentes, enfrentándolos violentamente y, muchas veces, perdiendo la vida. Fue una época de crisis y cuestionamiento hacia toda manifestación de poder y autoridad.

Los niños y los jóvenes, en la actualidad, no tienen la oportunidad de cuestionar o refutar la autoridad porque crecen en un mundo donde ellos tienen el poder y el mando sobre sus padres y adultos. Y somos nosotros, los adultos, quienes les hemos otorgado ese poderío. Hace algunos meses, el cronista saltillense Armando Fuentes Aguirre *Catón* publicó una editorial en un periódico de la localidad donde describía perfectamente este fenómeno. Relata *Catón*, en este artículo, que cuando él era pequeño le encantaba comer las conchas o volcanes de pan que su madre compraba. Un día, le pide una concha a su madre y ella le responde: "¡No, porque son de tu padre! Cuando te cases podrás comer conchas, pero ahora no y pobre de ti si tocas una." Y describe *Catón* que una de sus ilusiones del matrimonio era poder comer las conchas que tanto le gustaban. "Ahora –continúa relatando–, estoy casado, y mi esposa compra conchas y, cuando le pido una, ella me contesta: 'Ni creas, son para tus hijos y pobre de ti si tocas una.'" Y termina *Catón*: "¿Cuándo podré comer una concha?" Efectivamente, así como *Catón*, muchos de los padres de familia dan prioridad a sus hijos, lo que redunda en niños prepotentes y tiránicos que se consideran *merecedores de todo sin dar nada o muy poco a cambio*. Desde nuestro punto de vista, hoy día no hay crisis de autoridad porque ésta ni existe. Los niños y los adolescentes crecen en un ambiente donde no sólo no existen normas o reglas, sino además no existe ninguna figura de autoridad que respeten y obedezcan, esto como consecuencia de que los padres se han preocupado por ser amigos y olvidan aplicar su autoridad por miedo a perder su cariño y amor.

La única autoridad sobre el niño

La palabra autoridad viene del verbo latín *auger*, que significa "ayudar a crecer". En el mundo romano, esta palabra designaba la fuerza de sostener y acrecentar algo. Por tanto, la autoridad viene a ser la fuerza que sirve para sostener y acrecentar. Una de las funciones más importantes del padre es ejercer la autoridad sobre sus hijos y no solamente su amistad. La autoridad ayuda a crecer y a fortalecer la vida de los niños y jóvenes, formándolos en su carácter y voluntad para que puedan enfrentar a un mundo cada vez más hostil y vacío.

En este contexto, la obediencia adquiere un sentido trascendente en la formación de los hijos. El hecho de obedecer adquiere sentido cuando tiene el propósito de favorecer la humildad; el soberbio está incapacitado para obedecer y es tiránico a la hora de mandar y difícilmente se someterá a la autoridad, no sabe que para saber mandar hay que saber obedecer.

En nuestra experiencia con universitarios recién egresados, observamos que muestran serios problemas para respetar y acatar las normas básicas en sus centros de trabajo. Muchos de ellos fueron concientizados en sus universidades para ser los futuros dirigentes de las empresas y de la sociedad. Como comenta la periodista regiomontana Roxana Barahona, nos estamos enfrentando a una generación profesionista prepotente.

HIJOS EXITOSOS A TRAVÉS DE FRACASOS

Uno de los patrones más importantes de la familia en la actualidad es el hiperprotector. La tendencia de la familia mexicana es ser cada vez más pequeña, cerrada y protectora, en la cual los adultos buscan hacer la vida de sus hijos más fácil, intentan eliminar todas las dificultades, hasta intervenir directamente para hacer las cosas en su lugar (Nardone, 2003).

En nuestra práctica y estudio encontramos que los niños y jóvenes diagnosticados como "problemáticos", ya sea por los padres, por los psicólogos o por la escuela, provienen de un clima familiar y social hiperprotector, en donde los papás buscan a toda costa el éxito de sus hijos y evitar que sean unos fracasados.

Algunos criterios de comportamiento familiar hiperprotector son los siguientes:

1. Hacer todo lo posible para que el hijo esté a la altura del *estatus social* de sus compañeros y amigos. El vestir ropa de marca y el tener un auto último modelo y deportivo son un móvil importante para crear una autoestima "positiva".

Se crea un ambiente en donde el crecimiento personal y su felicidad dependen exclusivamente del **tener** y no del **ser**.

2. Los padres no intervienen con correctivos autoritarios. En otras palabras, no son capaces de disciplinar o castigar pues creen que esto puede ocasionar un trauma psicológico.

3. Los padres tratan de compensar sus ausencias con regalos, privilegios y pocas frustraciones hacia sus hijos. Prioridad número 1: "La felicidad de nuestros hijos."

Se observa una posición exagerada del hijo, elevado a símbolo del valor positivo del núcleo familiar entero; su éxito o fracaso califica o descalifica a los padres.

Los juegos infantiles tradicionales, como "la roña", "los encantados", "las escondidas", "el elástico", "el *stop*", "el burro bala" y "las canicas" desarrollaron valores como la convivencia, el respeto y, sobre todo, la tolerancia al fracaso y a la derrota. Ganar y perder eran situaciones que se experimentaban todos los días y aprendimos a salir adelante nosotros mismos. Nunca nuestros padres nos acompañaron para vernos jugar y, mucho menos, se ponían a un lado de nosotros para darnos instrucciones acerca de cómo evitar que perdiéramos.

La sobreprotección es una patología del amor: "Lo hago todo por ti, porque te quiero", pero contiene una descalificación: "Lo hago todo por ti porque quizá tú solo no podrías", trasmitimos indirectamente la concepción de que nuestro hijo es un inútil o incapaz de hacerlo por sí mismo. Casi siempre, esta duda se convierte en realidad y formamos adolescentes realmente inseguros y con una autoestima negativa. Nuestros hijos acabarán por rendirse sin luchar, renunciando al pleno control de su vida y confiándola cada vez más a sus padres.

Los niños y los jóvenes estarán menos obligados a responsabilizarse de sus acciones, ya que constantemente piden no sólo ayuda, sino que exigen que sus padres intervengan directamente en hacerles su tarea o que puedan solucionar todos sus problemas con sus amigos, compañeros de la escuela y maestros. Se desaniman a la más mínima dificultad. No aceptan fracasos y pueden reaccionar con agresividad o depresión incluso hasta el suicidio con la más mínima frustración. Cada vez tienen menos responsabilidades y esperan menos de ellos.

Es alarmante escuchar diariamente en los noticiarios los constantes intentos de suicidio entre niños y jóvenes. Los niños, desde pequeños, deben estar expuestos a juegos donde no siempre ganen gracias a sus papás. Constantemente vemos a los papás jugar por ellos en los videojuegos y ganar boletos para canjearlos por premios, porque si no, harán un berrinche y les tendrán que comprar algo a fuerzas. El niño debe aprender que no todo en la vida es siempre ganar y, además, debe comprender que para tener éxito requiere esfuerzo, constancia y, muchas veces, fracasos.

Cada vez más escuchamos de muchachos adolescentes que se quitan la vida porque no pueden pasar un examen de admisión para entrar a una institución educativa, por una pequeña decepción amorosa o por una pequeña frustración. Nuestra juventud carece de *resiliencia*.

El concepto de resiliencia se origina en la propiedad física de algunos materiales. Estos objetos después de ser expuestos a cambios físicos se deforman, pero tienen la cualidad de regresar a su estado original. En los campos de la psicología y la educación, este término se aplica a aquellas personas que pueden sobreponerse a las experiencias negativas y, a menudo, hasta se fortalecen en el proceso de superarlas (Henderson, 2003).

Mencionamos que la juventud actualmente carece de resilien-

Efecto de resiliencia

cia, como resultado de que los "buenos" padres evitamos que nuestros hijos se *traumen* experimentando pequeñas carencias o fracasos. La palabra *trauma* se deriva del griego y significa *herida*. Las heridas psicológicas y emocionales son experimentadas por todas las personas, y cada una aprende cómo enfrentarlas y a crecer a pesar de ellas. Sin embargo, no todos las vivimos en forma natural. Sobre todo aquellos hijos cuyos padres, en un intento de buscar su felicidad, los sobreprotegen y evitan que afronten las dificultades. El hacer frente a los obstáculos los hace más fuertes, mejores, los pule, los perfecciona, los hace más humanos, comprensivos y amorosos. Una de las funciones más importantes de ser padre es formar una actitud positiva, fuerte y resiliente ante las adversidades y las derrotas de la vida, en otras palabras, debemos educar a los niños para fortalecer su *voluntad*.

La palabra *voluntad* proviene del latín y significa *querer*. La voluntad consiste, ante todo, en un acto intencional que se inclina o dirige hacia algo, y en él interviene un factor importante: la decisión (Rojas, 2003). La voluntad posee tres ingredientes fundamentales:

1. Predisposición o aspiración por algo.
2. Determinación o valoración de la decisión.
3. Acción para buscar lo que se quiere.

El hombre con poca voluntad es una persona frágil que siempre está amenazada de ser desviada del camino trazado por no saber enfrentar cualquier fracaso por pequeño que sea.

6

Preguntas, miedos y consejos en tiempos duros

Los padres de familia de esta generación se encuentran, más que nunca, muy angustiados en lo que toca a la educación y formación de sus hijos. A continuación, presentaremos las preguntas y los miedos más frecuentes que los padres nos han expuesto en nuestras conferencias y asesorías en los últimos tres años, y además, incluimos algunas orientaciones para guiarlos en la difícil tarea de ser padres.

HIJO "SÁNDWICH", "EMPAREDADO" O "DE ENMEDIO"

"Tengo tres hijos, pero he oído que los hijos 'sándwich' son inseguros y tienen problemas de autoestima. ¿Qué me pueden decir de esto?"

Como en todos los casos hay excepciones, pero algunos estudios nos indican que los hijos "sándwich" son adultos más seguros de sí mismos y tienen mayor estabilidad emocional que los hermanos mayores y menores. El hijo "sándwich", en general, crece, desde pequeño, en un ambiente más difícil, no es el mayor quien recibe una sobreestimulación, ni el menor quien recibe una sobreatención. El hijo "sándwich" se desarrolla en forma natural en un ambiente con menos atenciones y hasta carencias, esto le ayudará a fortalecer su carácter y voluntad para enfrentar las frustraciones y fracasos, y tendrá mayores deseos de vivir y salir adelante.

UN HIJO "PILÓN"

"Tengo una niña de cinco años con la que, desde muy pequeña, hemos tenido que lidiar. En pocas palabras, es una niña 'chiflada' (consentida) que llora por cualquier cosa que no puede obtener, tiene muy poca tolerancia a las frustraciones, pues por cualquier dificultad, por pequeña que sea, nos hace berrinches. No sabemos qué hacer. Esta niña es la más pequeña de la familia y su hermano mayor que le sigue tiene 13 años. Hay una diferencia de casi ocho años entre los dos últimos, esta hija es nuestro 'pilón'."

Siempre es difícil educar a los hijos, y más a los hijos "pilón". Nuestros estudios indican que cuando existe una diferencia mayor de cinco años entre los hermanos, sin importar si es el último o no, existe un cambio muy significativo en la atención y educación que se les da. Generalmente, los padres empiezan a ceder, a ser más permisivos y a ablandarse en su disciplina. En pocas palabras, son más consentidos. En una investigación que realizamos acerca del mayor nivel de irritación que presentan los universitarios en la familia, todos los participantes concuerdan en que sus padres malcrían y consienten demasiado a sus hermanos más pequeños y lo consideran como algo injusto. "¿Cómo es posible que mi hermanito de 12 años regrese más tarde a casa que yo que tengo 22 años?" "¿Cómo es posible que mi padre no regañe a mi hermano de 10 años cuando le falta el respeto a mi mamá?", etcétera.

Hay una tendencia natural por sobreproteger al hijo menor porque existe la percepción entre los padres de que está más indefenso frente al abuso de los hermanos mayores o del ambiente, y por ello optan por la sobreprotección, pero esto creará, precisamente, un temperamento frágil y vulnerable en su hijo. El hijo menor o el mayor o el "sándwich" tiene las mismas necesidades y se enfrenta a las mismas dificultades, por tanto, nuestra obligación es prepararlo para que enfrente con fortaleza esos peligros. La consistencia es fundamental para mantener un estilo de disciplina adecuado y firme en todos los hijos.

"MI EX ESPOSO CONSIENTE DEMASIADO A NUESTRO HIJO"

"Estoy separada de mi esposo desde hace seis años y tengo un hijo de ocho años que lo visita, generalmente, los fines de semana. Pero cada vez que llega a casa lleva muchos regalos y dulces. Trato de disciplinarlo, pero mi ex marido no me apoya y le sigue permitiendo y dando todo lo que mi hijo le pide. En los últimos meses, mi hijo me dice que soy una mala y un ogro, en cambio, me dice que se quiere ir a vivir con su padre porque él nunca lo regaña y le da todo lo que le pide. ¿Qué hago?"

Ésta es una de las situaciones más difíciles de nuestros tiempos, no sólo la ruptura familiar, sino la forma de educar a los hijos lo mejor posible a pesar de la desintegración. En casi todas nuestras conferencias surge esta inquietud más en las mamás que en los papás, ya que son ellas las que ahora se hacen cargo de las responsabilidades más importantes de los hijos. Son ellas, y no los papás, quienes los educan, los disciplinan, los alimentan, los cuidan en sus enfermedades, y los padres, en la mayoría de los casos, se hacen cargo de ellos los fines de semana, las vacaciones y se responsabilizan de la manutención económica. Sin embargo, son las mamás quienes enfrentan los conflictos y las disyuntivas de la educación y disciplina todos los días.

Debemos tomar en cuenta los siguientes puntos: Primero, no porque haya una separación el niño se quedará con un solo padre (papá o mamá), por más dolorosa que haya sido la ruptura, el niño tiene derecho de convivir con ambos padres, siempre tendrá un padre y una madre. Segundo, el divorcio es entre los padres, pero no es con el hijo. El otro padre, el que no vive con el hijo, tiene sus derechos y obligaciones hacia éste. Tercero, el proceso de desintegración debe ser lo menos violento entre los cónyuges, ya que el sufrimiento de los hijos será menor. Y cuarto, debe existir una clara comunicación y aceptación de las reglas y formas disciplinarias que respetarán cada uno de ellos. Esto es importante porque esta congruencia construirá esquemas de conducta estables que brindarán a sus hijos mayor seguridad. La carencia de comunicación entre los ex cónyuges traerá serios problemas entre los hijos, pues generará comparaciones y empezarán los chantajes como "si no me das permiso como mi papá, me iré con él y nunca me verás".

EL ADOLESCENTE E INTERNET

"Tengo un hijo de 16 años y se la pasa toda la tarde y noche en internet. Me dice que está haciendo tareas, proyectos, pero cuando paso está *chateando* con sus amigos. ¿Qué hago? ¿Le desconecto la computadora o dejo que la siga usando?"

Como lo comentamos en el capítulo 2, los muchachos viven la era de la información y desean estar siempre en relación y contacto con sus amigos. Esta generación milenio nace no sólo con la computadora, sino con la Internet y crece con ellos, así como los *baby boomers* crecimos con la televisión. Sin embargo, la televisión estuvo regulada por nuestros padres y además fue, muchas veces, la excusa para reunirnos y ver algún programa. La televisión fue, hasta cierto punto, un elemento positivo para la integración familiar, pero no podemos decir lo mismo de la internet. La computadora no sólo genera desunión, los adolescentes comen y cenan frente al monitor mientras la familia lo hace en el comedor, sino que además, trastornan su horario de sueño. Nos enfrentamos a una generación "murciélago" que vive de noche y duerme durante el día. Los maestros protestan porque sus alumnos de secundaria y preparatoria se duermen durante las clases, y la mayoría de las veces se desvelan por estar *chateando*.

Es importante que nuestros hijos tengan acceso a la tecnología, pero con límites. Primero, la computadora deberá estar en un lugar común de la casa y nunca en la recámara de nuestros hijos. Debe haber supervisión en el contenido al que nuestros hijos tienen acceso. Segundo, los padres deben fijar un horario para usar la computadora. Pero deben ser firmes al aplicarlo, por ejemplo, entre semana podrían apagarla antes de las once de la noche, y los fines de semana antes de la una de la mañana. Además, deben fijar un promedio de horas de su uso diario ya que, en la actualidad, los adolescentes se privan de hacer otras actividades como deporte, arte y recreación, por estar en la internet. Se convierte en una nueva adicción en estos tiempos duros.

"MI HIJA QUIERE DORMIR EN LA CASA DE UNA AMIGUITA"

"Somos padres de dos hijos, y nuestra hija mayor (seis años) nos pide permiso para dormir en la casa de sus amiguitas. Anteriormente, nos había pedido permiso, pero se lo negamos y nuestra hija nos dijo: 'Todas mis amiguitas irán a dormir y yo seré la *única* que no iré.' Muchas veces, no conocemos a esas familias y sus valores. ¿Qué hacemos? ¿No estaremos aislando a nuestra hija? ¿Se traumará?"

La amistad es uno de los valores más importantes de las niñas en estas edades, por eso es normal que su hija los presione y los chantajee para lograr su permiso. Sin embargo, la prioridad más importante de los padres es buscar la seguridad de sus hijos. Por ningún motivo deben permitir que su hija duerma en una casa en donde no conozcan a la familia y, mucho menos, si no hay supervisión de algún adulto. Como mencionamos en el capítulo 2, estas generaciones permanecen menos tiempo en casa, y en periodos como Semana Santa, vacaciones o Navidad buscan salir con amigos a ranchos o a playas, y se está haciendo costumbre que los muchachos vayan solos sin ningún tipo de supervisión de algún adulto.

Es importante fijar estas normas cuando nuestro hijo está pequeño pues de lo contrario, si lo hacemos cuando sea adolescente, se producirá un desgaste en la dinámica familiar que, al final de cuentas, no resultará en nada, pues los padres cederán ante estas presiones. Después no nos sorprenda que caigan ante la presión del grupo de amigos o amigas en la iniciación del consumo del alcohol, drogas, cigarrillos o de las relaciones sexuales prematuras.

LOS BERRINCHES Y MI HIJO

"Una de mis principales angustias es cuando mi hijo me hace berrinches fuera de la casa. Ya es costumbre que en el automóvil, en el parque, en las tiendas, en la calle y con la familia, mi hijo se deje caer en el piso y haga sus rabietas porque no le doy lo que quiere o no le doy permiso para ir a jugar con sus amiguitos. Es una vergüenza ya que todas las personas se me quedan viendo como si fuera la peor mamá del mundo. Y siempre acabo cediendo lo que mi hijo me exige. ¿Qué hago?"

Uno de los principales temores de los padres es que su hijo haga un berrinche en público. Los padres esperan que sus hijos cumplan plenamente sus expectativas y que no los avergüencen frente a otras personas.

La palabra *berrinche* proviene del latín y significa "coraje y enojo grande". Generalmente, esta conducta aparece entre el año y medio y cuatro años de edad y es considerada como una reacción normal que tienen los niños ante la impotencia de obtener lo que desean. Es una forma de presionar y si el adulto accede, el niño aprenderá a hacerlo con mayor frecuencia y en lugares donde los padres nunca se podrán negar. Aprende que cuando pide y sus papás se lo niegan, entonces hace el berrinche y éstos ceden ante la presión. Y se convierte en un círculo vicioso en donde los padres estarán a merced de cualquier capricho de sus hijos.

¿Cuál deberá ser la reacción de los padres ante un berrinche? Primero, guardar la calma y observar que su hijo no se vaya a lastimar, pues hay algunos que dejan caer su cabeza al piso o a la pared. En esta situación, debemos sujetarlos hasta que se tranquilicen. Segundo, si no se está golpeando debemos ignorarlo, caminar despacio y dejarlo atrás de nosotros, pero siempre observándolo. No tratar de evitar el berrinche y menos castigarlo o pegarle. Tercero y último, nunca recompensarlo si termina el berrinche, por ejemplo, "no te puedo dar permiso, pero si dejas de llorar te compraré un juguete". El padre necesita una actitud firme y no flaquear ante el llanto, pensando que le puede hacer daño. Se podrán poner azulitos o hasta moraditos del coraje, pero de ahí no pasa.

MI HIJO ME DICE: "YA NO TE QUIERO Y ERES UNA MALA"

Hace algunos meses, una mamá nos comentó su situación: "Mi hija me acaba de correr de la casa. Me dijo: 'Ya no te quiero, eres una mala y te odio. No quiero verte más en la casa y quiero que te vayas'." Y nos comentó que su hija estaba enojada porque no la dejó a ir un *pijama party* (reunión de amigos en una casa y se quedan a dormir). No le dio permiso porque no conocía a los papás de la niña que estaba organizando la reunión. Y termina diciéndonos: "No supe qué contestarle a mi hija y mi única reacción fue llorar toda esa noche y tener un gran sentimiento de culpa." Le preguntamos la edad de su hija y nos dijo: "Va a cumplir seis años."

¡Qué dolor más grande de una madre, escuchar y sentir el desprecio de un hijo! Muchos niños reaccionan con enojo cuando no logran obtener lo que desean y se desquitan con los padres en donde más le duele: su cariño y amor.

El niño descarga su irritación y frustración expresando sus sentimientos negativos, sin embargo, no tienen una idea clara de lo que significa el tener odio a una persona y menos a sus padres. Muchas veces, lo hacen por imitación y como reacción espontánea de su frustración.

Explica Mara Cuadrado, psicóloga española, que los niños a partir del primer mes de vida reconocen la conducta y las reacciones de sus padres y expresan ciertos comportamientos para lograr sus deseos. El niño intenta diferentes estrategias como el berrinche, la indiferencia, los golpes y hasta el odio, pero son simplemente reacciones primarias para conseguir sus caprichos.

Algunos padres pensamos y sentimos que estamos fracasando en nuestra misión y tratamos de complacerlos para no perder su afecto y les evitamos cualquier tipo de sufrimiento. No tengamos miedo de perder su cariño por decirles "no", la labor de padres requiere sacrificio y sufrimiento para disciplinar a nuestros hijos.

Los padres deben reaccionar con tranquilidad, no utilicen la misma agresión diciéndoles "yo tampoco te quiero". Mostremos cierta despreocupación y desinterés a las palabras de nuestro hijo, aunque por dentro nos duela mucho, y digámosle: "Siento mucho escuchar que no me quieres porque yo sí te quiero y mucho. Y ni modo que no me quieras, siempre seré tu madre (padre) y estaré viendo qué es lo mejor para ti, y si no quieres entender mis razones ni modo." Algunos padres pueden sentirse culpables del odio momentáneo y pedirles una disculpa, y terminan cediendo o dándole otro premio para sentirse "mejores padres" y reparar su sentimiento de culpa.

LÍMITES Y DISCIPLINA

"Tenemos una hija de seis años que, desde que yo recuerdo, es testaruda e intratable. En la escuela, sus maestras dicen que sólo hace aquello que quiere hacer y que no respeta las reglas del salón de clase. Se sale del salón y se levanta de su lugar sin permiso, habla sin levantar la mano y sólo realiza las actividades que le gustan. En casa, no conseguimos que nos haga caso y siempre nos enojamos con ella sin que parezca que le afecten ni los premios ni castigos. No conseguimos que nos obedezca. ¿Todavía se pueden poner límites? ¿Y cómo?"

La niña sólo tiene seis años y esa es una edad muy buena para hacerle ver las consecuencias de sus conductas. Necesitamos, en primer lugar, dialogar con nuestros hijos para explicarles lo importante que son las reglas de la casa y sus implicaciones con la responsabilidad y el cumplimiento de sus obligaciones. Sin embargo, los niños no obedecerán automáticamente con el solo hecho de dialogar con ellos, los padres necesitan ser firmes en la aplicación de las consecuencias cuando no se cumpla con las expectativas. Hay que fijar claramente las reglas y los límites, explicarlos una o dos veces, posteriormente no se discutirán, sólo se aplicarán los reconocimientos o las consecuencias de su incumplimiento. Recordemos que ver televisión o salir a jugar al parque son privilegios que los padres otorgamos por el cumplimiento de las obligaciones, y no derechos de los niños. Otro consejo, nunca trasmitamos a los hijos la sensación de que no podemos con ellos. Nosotros somos los adultos que tenemos la autoridad y no los hijos.

HIJOS ADULTOS Y MANTENIDOS

"Soy una madre que tiene dos hijas de 25 y 23 años, y un hijo de 22. Mis dos hijas mayores realizaron estudios universitarios y se graduaron. En cambio, el chico no quiso. Lo peor, es que a mis hijas no les gustó su carrera y mi hijo se negó a estudiar. Ahora los tengo a los tres en la casa sin hacer nada, sólo comen, ven televisión y se levantan hasta la una o dos de la tarde. Creo que tienen depresión. ¿Cómo puedo ayudarlos para que salgan de la casa y trabajen?"

En los últimos años se ha acentuado la crisis económica y, por otro lado, se prolonga la permanencia de los hijos en el hogar. Sin embargo, esto no es excusa para que sólo estén en casa y sean mantenidos por los padres.

Algunos maestros universitarios, tanto en el sector público y privado, expresan que el periodo de la adolescencia se está prolongando más de lo normal. El matrimonio se ha considerado como uno de los pasos más importantes de la edad adulta, sin embargo, parece que las nuevas generaciones de jóvenes están más a gusto en su casa (siendo "hijos de papi") que buscando su independencia.

En los matrimonios de hace 30 o 40 años, los recién casados iniciaban su nueva vida con carencias: rentaban un departamento y vivían con lo más esencial en su hogar, e iniciaban la formación de su patrimonio con trabajo y ahorro, después de varios años podían comprar casa propia y tener ciertos lujos. En cambio, los jóvenes, actualmente, no se casan si no tienen todo su patrimonio hecho: casa, automóvil y hasta negocio propio. Algunas mujeres recién casadas nos han confesado que todavía tienen las tarjetas de crédito de solteras, y que sus padres todavía les siguen pagando sus gastos. Si los padres continúan con esta sobreprotección, ¿cuándo crecerán los hijos y se harán adultos?

MARIDOS MÁS PERMISIVOS Y FEMENINOS

"Ya no sé qué hacer con mi marido. Cuando llega a casa y necesito que me apoye con la disciplina de nuestros hijos, hace todo lo contrario. Siempre les trae dulces, no los regaña, les deja que vean cualquier programa de televisión y les permite que se acuesten muy tarde a pesar de que al día siguiente hay escuela. Recuerdo que mi padre tenía una disciplina muy estricta con nosotros y hasta le teníamos un poco de miedo, él siempre tenía la última palabra. Mis amigas me comentan que tienen un problema similar con sus maridos, que son muy permisivos en la educación de sus hijos. ¿Qué puedo hacer?"

A partir de los años sesenta del siglo pasado, las mujeres no sólo han adquirido mayor participación en el ámbito profesional y económico, sino, además, han cambiado sus expectativas hacia los hombres. Buscan en ellos que sean más sensibles, domésticos, cariñosos y participativos en la educación y disciplina de los hijos.

En el ámbito mundial, existe una tendencia de feminización masculina, en donde al hombre se le exige cambiar de una actitud machista a una actitud más afectiva y tierna. Por ello, no debemos sorprendernos de que algunos maridos colaboren en forma más cálida y maternal en el hogar y, muchas veces, llegando a un extremo de total permisividad y tolerancia hacia los hijos. Esto obliga a la mamá a asumir un papel más firme y disciplinario en la educación de sus hijos, dejando al padre en una función más pasiva. Por consiguiente, es común escuchar que "la última palabra en la casa" la tienen ahora las mamás y no los papás, incrementado la comparación de los hijos, quienes expresan que mamá es "una mala y un ogro", en cambio, el papá es el bueno y comprensivo.

Este cambio en la paternidad provoca conflictos en la pareja que pueden llevar a la desintegración familiar. Ambos deben dialogar y aclarar los patrones de educación y disciplina para los hijos y, sobre todo, el apoyo incondicional de uno a otro en las decisiones y nunca cuestionarlas frente a los hijos.

AUSENCIA DE AUTORIDAD

"¿Qué les pasa a los niños? ¿Por qué no tienen respeto por ningún tipo de autoridad como los papás, maestros y sacerdotes? Observo cómo los niños les gritan y les pegan a sus papás, desobedecen y desafían a sus maestros, y son irreverentes en la iglesia. ¿Existe crisis de autoridad?"

Los padres de familia deben ejercer su ejercicio de autoridad, y para que puedan influir en los hijos deben, primero, respetarla. Existe una tendencia, en la actualidad, de menospreciar la autoridad. Escuchamos frecuentemente a los padres expresarse de la siguiente forma cuando se refieren a sus hijos: "Hijito, no le hagas caso a tu maestra, es una vieja amargada", o "hijita, no le hagas caso a tu tío, es un bueno para nada". Si los padres reprueban la autoridad de otros adultos, los niños aprenderán que no existe autoridad y no la aceptarán ni en su casa ni en ningún otro lugar. Recuerden que la autoridad es la base para la obediencia; la obediencia es la base para la adquisición de virtudes; las virtudes son la base para el carácter; el carácter es la base para la felicidad.

EL AMOR NO ES SUFICIENTE

"Es asombroso con qué facilidad nos culpan a los padres de la falta de valores en nuestros hijos. Podemos asegurar que, en nuestro hogar, siempre hemos intentado el diálogo, la convivencia pacífica (nosotros como pareja pensamos que no tiene sentido una sola bofetada y nunca la hemos dado), el respeto y la tolerancia. Y todo esto lo hemos trasmitido a nuestros hijos, o eso creíamos. Ahora, nos enfrentamos a dos hijos adolescentes a los que no se les puede decir nada, ni preguntar acerca de lo que hacen, ni pedir que vuelvan pronto a la casa… ¿qué es lo que hemos hecho mal?"

El amor, la confianza, el diálogo y *la convivencia sincera* muchas veces no son suficientes para la educación de los hijos. Hemos observado que una familia íntegra no garantiza hijos leales y obedientes. Una libertad sin límites o reglas es anarquía, aun en los hogares donde predominan el respeto y el amor, a veces hay circunstancias que requieren la firmeza y la disciplina para moldear la conducta de los niños.

La adolescencia es una etapa conflictiva que produce crisis de identidad y dificultad para relacionarse con cualquier tipo de autoridad. Es normal que el adolescente se rebele, pero deben respetar y obedecer las normas de la casa. En el hogar, deben existir reglas mínimas que sean acatadas por los hijos, y también correctivos en caso de que las desobedezcan. El ser adolescente no excusa de vivir sin normas y sin respeto a la autoridad que son los padres.

Si decimos a nuestro hijo que debe regresar a las once de la noche, él lógicamente no estará de acuerdo, pero debe asumir esa orden porque se somete a la autoridad de sus padres, tratará de llegar a casa a tiempo y si transgrede la norma pedirá disculpas o llamará por teléfono si se retrasa algunos minutos.

No se trata de que nuestro hijo nos obedezca ciegamente. La obediencia no es un fin en sí mismo sino un medio para alcanzar un fin que es la formación de su propia personalidad, de su carácter. La obediencia influye en la responsabilidad, tanto en el estudio como en sus obligaciones familiares y sociales, no hay responsabilidad si no han aprendido a obedecer.

MAMÁ TRABAJA Y ¿LA FAMILIA?

"Soy madre profesionista y tengo tres hijos de 12, nueve y siete años de edad. Desde pequeños asistían a la guardería ya que siempre he trabajado. Pero, en los últimos años, me he cuestionado si he sido buena madre porque sólo los veo a partir de las seis de la tarde y los fines de semana. Mi mamá me dice que soy una madre desobligada y sin amor a los niños. No es cierto, los amo y adoro más que nada en el mundo, pero me siento culpable. ¿Qué hago: dejo de trabajar y me dedico a mis hijos y familia?"

Es cierto que la mujer realiza una función importantísima en la formación de los hijos, pero también es cierto que la mujer ha adquirido, en los últimos años, otras funciones además de la maternidad y del trabajo doméstico. No podemos culpar del abandono de los hijos sólo a la madre, sino también el padre tiene nuevas responsabilidades y funciones. Esta nueva dinámica femenina permite a los hombres involucrarse en funciones domésticas y afectivas frente a los hijos. Lo preocupante es cuando mamá y papá se dedican a producir bienes materiales descuidando los verdaderos valores que consolidan el núcleo familiar. Hay muchos casos en donde las madres buscan trabajo como excusa para no estar con los hijos, pues consideran una verdadera tortura acompañar a sus hijos en la casa. No saben qué hacer con ellos en la casa, les produce estrés y ansiedad el verlos correr por la casa y pelearse.

La pareja debe dialogar acerca del tiempo para estar con los hijos; efectivamente, muchos de los problemas surgen por la carencia de acompañamiento. Evitemos, en lo posible, ponerlos frente al televisor por horas, empujarlos para que jueguen un videojuego o llevarlos a casa de un amiguito cuando tengamos la posibilidad de convivir con ellos.

DISCIPLINA A TRAVÉS DE MEDICAMENTOS

"Tengo un hijo de siete años y fue diagnosticado con depresión, además tiene algo de hiperactividad. Le recetaron *Zoloft*, pero sólo se lo di por un mes porque en la escuela me reportaron que se dormía en sus clases. Al retirárselo se convirtió en un niño muy agresivo y con mucha actividad. Gracias a Dios, está mucho mejor pero no estoy seguro de continuar con el tratamiento."

La única persona que puede responder claramente es el médico. Sin embargo, es importante hacer una reflexión acerca del uso de medicamentos para el control de la conducta de los hijos. Nuestra percepción es que se está abusando en su uso. Entrevistando a un grupo de señoras, nos comentaban que la mejor forma para que su hijo estuviera quieto era darles *Dimmetapp* o *Tempra*. Los padres se angustian tanto cuando ven a sus hijos con algunos síntomas de hiperactividad y de tristeza que inmediatamente recurren a los fármacos. Muchas de las conductas de los hijos se pueden controlar con actividades rutinarias como el ejercicio físico, el salir a jugar con los amiguitos, tareas recreativas como pintar, dibujar, recortar, leer, entre otras.

En la actualidad, se acentúan los problemas de comportamiento de los niños ya que no pueden canalizar sus necesidades e inquietudes, y las únicas opciones para controlarlas es a través de la televisión, los videojuegos y las actividades extracurriculares. El juego solitario con carros, soldados y muñecas desarrolla, además de la creatividad, la capacidad de autocontrol y administración de su tiempo libre, que son fundamentales en su adaptación y crecimiento individual y social.

Bibliografía

Barragán Lomelí, Ma. Antonieta, *Soltería: elección o circunstancia. Un nuevo estilo de vida se impone en el siglo XXI*, Norma, México, 2003.

Bruer, John T., *The myth of the first three years. A new understanding of early brain development and lifelong learning*, The Free Press, Nueva York, 1999.

Gardner, Howard, "Reflexions on Multiple Intelligences: Myths and Messages", en *Phi Delta Kappan*, vol. 3, núm. 77, 2002, pp. 200-209.

Goleman, Daniel, *Emociones destructivas. Cómo comprenderlas y dominarlas*, Ediciones B, Buenos Aires, 2003.

Henderson, Nan, *Resiliencia en la escuela*, Paidós, Buenos Aires, 2003.

Isaacs, David, *Familias contra corriente*, Ediciones Palabra, Madrid, 1994.

Jonhson, Jaime, "Teach your children well", *Robb Report worth wealth in perspective*, vol. 13, núm. 7, julio, 2004, pp. 44-45.

MacKenzie, Robert J., *Setting limits with your strong-willed child. Eliminating conflict by establishing clear, firm, and respectful boundaries*, Prima Publishing, Roseville, California, 2001.

Marshall, Marvin, *Discipline without stress, punishments and rewards*, Piper Press, Los Alamitos, California, 2002.

Nardone, Giorgio, *Modelos de familia. Conocer y resolver los problemas entre padres e hijos*, Herder, Barcelona, 2003.

Prado, Evelyn y Jesús Amaya, *Padres obedientes. Hijos tiranos. Una generación preocupada por ser amigos y que olvidan ser padres*, Trillas, México, 2003.

Rojas, Enrique, *La conquista de la voluntad*, Temas de Hoy, Madrid, España, 2003.

Sparrow, Joshua D., *La disciplina*, Norma, Bogotá, 2003.

Índice analítico

La publicación de esta obra la realizó
Editorial Trillas, S. A. de C. V.

División Administrativa, Av. Río Churubusco 385,
Col. Pedro María Anaya, C. P. 03340, México, D. F.
Tel. 56884233, FAX 56041364

División Comercial, Calz. de la Viga 1132, C. P. 09439
México, D. F. Tel. 56330995, FAX 56330870

Esta obra se terminó de imprimir
el 10 de junio de 2005,
en los talleres de Rodefi Impresores, S. A. de C. V.
Se encuadernó en Acabados Editoriales Anfre'd.
BM2 100 AW